Die wohlstrukturierte Geschichte. Eine Analyse der Geschichte Alteuropas

Der Autor

Der Geschichtsanalytiker und Sachbuchautor Mario Arndt schreibt über Themen, die Sie nicht in traditionellen Geschichtsbüchern finden. Seine Analysen der offiziellen Geschichte decken auf, wie das Mittelalter, die Antike und die dazugehörigen Zeitrechnungen gefälscht und erfunden wurden.

Mario Arndt wurde 1963 in Rostock geboren und hat seit 2002 seinen Wohnsitz in Frankfurt am Main. Website: www.HistoryHacking.de

Seine Entdeckung der artifiziellen Strukturierung der Reihenfolge der Namen der christlichen, europäischen Herrscher des Mittelalters stellt einen entscheidenden Durchbruch in der Geschichtsanalytik dar und ist möglicherweise die Kopernikanische Wende in der Erforschung des europäischen Mittelalters.

Vom Autor sind außerdem erschienen:

Das wohlstrukturierte Mittelalter (2012), ISBN: 978-38423487762
Wer war Karl der Große wirklich? (2014), ISBN 978-3-7386-4420-3
History Hacking (2018), ISBN: 978-3752878707
Die wohlkonstruierte Chronologie (2020), ISBN: 9783751980814
Astronomie und Chronologiekritik (2020), ISBN: 9783751997935

Mario Arndt

Die wohlstrukturierte Geschichte

Eine Analyse der Geschichte Alteuropas

Abbildung Titelseite: Darstellung des christlichen Schöpfergottes als Geometer. Miniatur aus einer französischen Bible moralisée, 13. Jahrhundert (gemeinfrei).

Alle Grafiken und Tabellen im Buch wurden vom Autor dieses Buches erstellt.

Alle anderen Abbildungen im Buch ohne Angaben zum Autor sind gemeinfrei und stammen aus wikipedia.

Danksagung

Besonders danke ich den Teilnehmern einer langjährigen Email-Diskussionsrunde mit Prof. Gunnar Heinsohn und anderen sowie den Teilnehmern unzähliger Diskussionen in Internetforen, sowohl Anhängern als auch Kritikern, die es mir ermöglicht und erleichtert haben, meine Ideen weiterzuentwickeln.

© 2020 Mario Arndt (4. Auflage)

Herstellung und Verlag: BoD - Books on Demand , Norderstedt

ISBN: 9783738645583

Bibliografische Information der Deutschen Nationalbibliothek
Die Deutsche Nationalbibliothek verzeichnet diese Publikation in der Deutschen Nationalbibliografie; detaillierte bibliografische Daten sind im Internet über dnb.d-nb.de abrufbar.

Inhalt

5

7

Geschichte nach geometrischer Methode

Vormoderne Vorstellungen über die Strukturierung
von Raum und Zeit

Dieses Kapitel gibt einen kurzen Einblick in die antiken, mittelalterlichen und frühneuzeitlichen Vorstellungen über die Strukturierung von Raum und Zeit, da diese für das Verständnis des Hauptteils des Buches wesentlich sind. Denn damals entstanden die Vorstellungen über die Chronologie der Geschichte dieser Zeiten, die heute noch Stand der Geschichtswissenschaft sind, also niemals einer radikalen Prüfung unterzogen worden sind.

Abb. 1 zeigt eine mittelalterliche (Ideal-)Vorstellung des Universums mit der Erde im Mittelpunkt. Um die Erde bewegen sich Mond, Sonne und die damals bekannten fünf Planeten (Merkur, Venus, Mars, Jupiter und Saturn) auf Kreisbahnen. Ganz außen befinden sich die Fixsterne, hier konkret die zwölf Sternbilder des Tierkreises.

Aber: Man wusste jedoch (spätestens seit dem antiken Astronomen Claudius Ptolemäus), dass das eigentlich nicht stimmte, denn bei den Planeten waren eben keine exakten Kreisbahnen beobachtbar, sondern sogenannte Epizyklen (kleinere Kreisbahnen auf der großen). Kreisbahnen waren das Paradigma dieser Zeit, da sie als ideale Form der Bewegung galten, wie es der antike griechische Philosoph und Wissenschaftler Aristoteles gelehrt hatte.

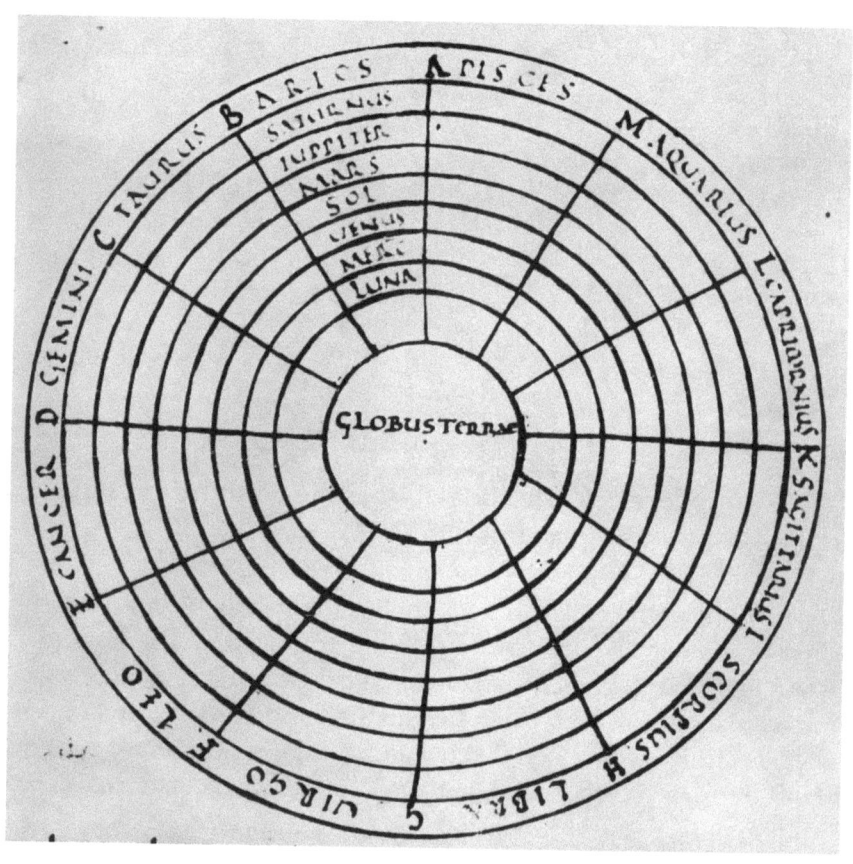

Abb. 1: Das geozentrische Weltbild in einer mittelalterlichen Handschrift

Auch Nikolaus Kopernikus (1473-1543), der als Begründer des neuen Weltbildes gilt, dass sich die Planeten um die Sonne und nicht um die Erde bewegen, hielt an Kreisbahnen als idealer Bewegungsform der Planeten fest. Dadurch war die Theorie des Kopernikus zunächst ungenauer als die damalige herrschende Meinung zum Thema, das geozentrische Weltbild. Auch widersprach natürlich die Vorstellung von der Sonne im Mittelpunkt und einer durch das Universum fliegenden Erde ganz offensichtlich dem gesunden Menschenverstand und dem damaligen Stand der Wissenschaft. Jeder konnte schließ-

10

lich die Bewegung der Himmelskörper um die Erde beobachten, angefangen von der Sonne, die jeden Morgen aufging. Es gab auch z.B. keinen Gegenwind, obwohl die Erde sich nach Kopernikus bewegen sollte, und die Gegenstände fielen gerade herunter und nicht schräge. Das waren tatsächlich Gegenargumente nach dem damaligen Wissensstand. Die Vorstellung eines Vakuums, eines völlig luftleeren Raumes, wurde nämlich abgelehnt, und auch die heute bekannten Bewegungsgesetze waren noch nicht entdeckt worden. Auch hier war Aristoteles maßgebend.

Daher wurde Kopernikus zunächst nicht ernst genommen und das heliozentrische Weltbild galt als Bullshit, wie man heute sagen würde, und die Anhänger des Kopernikus hätte man heute Spinner und Crackpots genannt.

Obwohl die Grundidee von Kopernikus richtig war (die Planeten bewegen sich um die Sonne und nicht um die Erde), hatte er noch nicht die richtige Art der Bewegung erkannt. Er ging eben davon aus, dass sich die Planeten in Kreisen um die Sonne bewegen. Dass es sich bei der tatsächlichen Bewegungsform um Ellipsen handelt, erkannte erst Kepler 100 Jahre später. Auch das physikalische Weltbild musste sich ändern, was grundlegend erst Newton (1643-1726) gelang. Erst nach seinem Tode gelang die Widerlegung des geozentrischen Weltbildes.

Es war also ein langer Weg
1) von der neuartigen These des Kopernikus,
2) über die spätere Erkenntnis der Falschheit der herrschenden Meinung in der Wissenschaft
3) bis zu ihrer endgültigen Widerlegung.

Aber zurück zur Zeit vor Newton: Dieser antiken und mittelalterlichen Strukturierung im Raum – die 12 Sternkreiszeichen des Himmels – entspricht eine Strukturierung in der Zeit: die 12 Monate eines Jahres, die einem Umlauf der Erde um die Sonne entsprechen bzw. nach früheren Vorstellungen einem Umlauf der Sonne um die Erde wie in Abb. 1. Namensgeber für das Wort "Monat" war der Mond, der die Erde in einem (Sonnen-) Jahr etwas mehr als zwölfmal umläuft.

Abb. 2: Uhr des Freiburger Münsters,
Quelle: https://de.wikipedia.org/wiki/Freiburger_M
%C3%BCnster#/media/File:Die_Uhr_des_Freiburger_M%C3%BCnsters.jpg
Autor: Gabriel Rinaldi, Lizenz: CC BY-SA 3.0

Diese Aufteilung des Jahres im Großen in 12 Monate, denen im Kleinen die Aufteilung eines gesamten Tages in 2 x 12 Stunden entspricht, geht auf die alten Völker in Mesopotamien (Sumerer/Chaldäer und später Babylonier) zurück Aufgrund dieser identischen Strukturierung im Großen und im Kleinen überrascht auch die große Ähnlichkeit des Ziffernblattes einer Uhr mit der Vorstellung des Universums in der Antike und im Mittelalter nicht.

Eine weitere Identität der Strukturierung von Raum und Zeit gibt es mit der ebenso heute noch gebräuchlichen sogenannten Sieben-Planeten-Woche Diese geht auch auf die alten Mesopotamier zurück. In den semitischen Sprachen hat das Wort für "Sieben" die gleiche Wurzel wie das Wort für "Woche". Als Planeten werden dabei neben Merkur, Venus, Mars, Jupiter und Saturn, abweichend von unserer heutigen Definition, auch Sonne und Mond bezeichnet. Diese Planeten sind in Abbildung 1 in der Reihenfolge ihrer siderischen Umlaufzeit geordnet.

Der Wochentag ergibt sich aus folgender Regel: Der Tag ist in 2 x 12 Stunden unterteilt. Jede Stunde wird nacheinander von einem Planeten regiert, umlaufend in der Reihenfolge der siderischen Umlaufzeit. Der 1. Tag beginnt mit dem Saturn. Die sieben Planeten (inklusive Sonne und Mond) wiederholen sich also an einem Tag dreimal. Danach folgen die ersten drei bis zur 24. Stunde. Der 2. Tag beginnt dann also mit dem 4., der Sonne. dasselbe wiederholt sich stündlich. Der 3. Tag beginnt dann mit dem Mond usw., also unsere bekannten Wochentage (3 x 7 + 3 = 24).

Es ergeben sich auf Latein die Wochentage:

Dies Saturni (Samstag), Solis (Sonntag), Lunae (Montag), Martis (Dienstag), Mercurii (Mittwoch), Iovis (Donnerstag), Veneris (Freitag). Im Deutschen entsprechen heute nicht mehr alle Wochentage ihren ursprünglichen Planetennamen.

Einen Zusammenhang zwischen der Zwölfer- und der Siebener-Strukturierung gibt es mit dem antiken römischen Osterzyklus, der der Ermittlung des Osterdatums, des wichtigsten Festes der Christenheit, dient. Dieser Zyklus umfasst 12 x 7 = 84 Jahre, und wiederholt sich danach fortlaufend.

Und ebenso wie es den Zwölfer-Rhythmus zeitlich sowohl im Kleinen (Stunden des Tages) als auch im Großen (Monate des Jahres) gibt, so hatten die Babylonier auch schon einen Siebener-Rhythmus sowohl im Kleinen (Tage der Woche) als auch im Großen (Zeitalter der Welt). Der für die Landwirtschaft geltende Sabbatjahreszyklus des Alten Testamentes ist ein weiteres Beispiel für die Siebener-Strukturierung. Nach diesem Zyklus sollten die Felder sechs Jahre lang bestellt werden und im jeweils siebenten Jahr brachliegen.

Strukturierung des Raumes	Strukturierung der Zeit
12 Sternbilder des Tierkreises	12 Monate eines Jahres 2 x 12 Stunden eines Tages
7 Planeten	7 Weltzeitalter 7 Tage einer Woche
Jerusalem in der Mitte der Welt	Jesus Christus in der Mitte der Zeit

Tabelle 1: Antike und mittelalterliche Strukturierung von Raum und Zeit

Jesus Christus in der Mitte der Zeit und in der Mitte der Welt

Was die späteren Weltzeitalter im christlichen Weltbild von den anderen Rhythmen unterscheidet, ist, dass sie sich nicht wiederholen. Die Schöpfung der Welt steht am Beginn des ersten Weltzeitalters und das Ende der diesseitigen Welt am Beginn des siebten.

Das 6. Weltzeitalter (und unsere heutige Zeitrechnung) beginnt mit dem Leben von Jesus Christus, und zwar nach frühchristlicher Vorstellung genau in der Mitte des 6. Jahrtausends seit Erschaffung der Welt, im Jahre 5500 (Später wurden auch davon abweichende Daten "ermittelt"). Eine Unterteilung der ersten 6000 Jahre in 12 x 500 Jahre legt Jesus Christus an den Anfang der letzten 500 Jahre. Dies war der nach offizieller Geschichte ursprüngliche Entwurf, von dem z.B. die im Byzantinischen Reich gültige Zeitrechnung bis zum Untergang 1453 nur um neun Jahre abwich (5509). In Russland wurde diese Zeitrechnung bis zum Jahre 1700 u.Z. verwendet.

Das 7. Weltzeitalter mit Beginn des 7. Jahrtausends seit Erschaffung der Welt (6000) sollte dann mit der Wiederkehr von Jesus Christus anfangen, verbunden mit dem Untergang der diesseitigen Welt und dem Weltgericht. Das 7. Weltzeitalter war den erlösten Menschen im Jenseits vorbehalten, in ewiger Ruhe.

Nach christlichem Verständnis lebt Jesus Christus in der Mitte der Zeit. Nach dem Lukas-Evangelium wird die Zeit eingeteilt in

1) Die Zeit vor Jesus Christus: das Gesetz des Alten Testaments und die Propheten bis zu Johannes dem Täufer

2) Die Zeit von Jesus Christus als die "Mitte der Zeit" [Conzelmann 1954]

3) Die Zeit zwischen Jesu Himmelfahrt und dem Beginn des 7. Weltzeitalters

Auch bei Jesus Christus gibt es eine Identität der Strukturierung von Raum und Zeit, denn Jerusalem, wo er nach christlicher Auffassung am Kreuze starb und wo sein Grab liegt, befindet sich nach mittelalterlicher Auffassung in der Mitte der Welt.

Abb. 3 zeigt die Erde als damalige Idealvorstellung mit Jerusalem im Mittelpunkt. Auch hier wich man bewusst von der Realität ab, da man natürlich genau wusste, dass die Küstenlinien nicht so exakt dem Ideal folgen.

Diese Stellung von Jesus Christus in der Mitte der Welt und in der Mitte der Zeit, sowie im übertragenen Sinne im Zentrum eines jeden Menschen, ist übrigens noch im heutigen Christentum aktuell. Von Papst Johannes Paul II. erschien 1999 ein Buch mit dem Titel "Jesus Christus: Die Mitte der Zeit".

Abb. 3: Die Erde mit Jerusalem im Mittelpunkt nach mittelalterlicher, christlicher Vorstellung

Geschichte nach geometrischer Methode

Da liegt natürlich die Annahme nahe, dass es mit der Darstellung der Geschichte in Raum und Zeit ebenso sein könnte wie in der Astronomie, der Zeitrechnung und der Geographie. Der Herrschaftsanspruch der christlichen Könige des Mittelalters wurde ja auf den Schöpfer der Welt, Gott, zurückgeführt. Das (Heilige) Römische Reich galt nach christlicher Vorstellung als das letzte Weltreich vor dem Untergang der diesseitigen Welt. Da liegt es nach damaligem Verständnis nahe, dass sich die Ordnung und Schönheit der Schöpfung Gottes nicht nur im Universum und auf der Erde, sondern auch in der Geschichte der Söhne Adams widerspiegelt, und vor allem in der Abfolge der gottgewollten Herrscher des Mittelalters.

H.W. Goetz, der über den Geschichtsschreiber Otto von Freising und andere Historiographen des Hochmittelalters schreibt, stellt fest:

"Zeit ist linear, wenngleich sich in ihr ein ständiges Auf und Ab vollzieht. Dem Historiographen bringt sie gewissermaßen Ordnung in das Chaos der Geschichte. In mittelalterlicher Sicht bedeutet das aber ein Auffinden der vorgegebenen (göttlichen) Ordnung.

[...] die Ordnung hingegen läßt den göttlichen Plan erkennen. [...]

... der wißbegierige Forscher aber - und das ist für Otto der tenor hystoriae - »eine wohlgeordnete Folge der vergangenen Ereignisse« vorfindet."
[Goetz 1993]

Wichtige Faktoren bei der Strukturierung der Geschichtsschreibung waren Zahlensymbolik und Astrologie. Auf diese Art und Weise wurde z.B. ermittelt, wann die Stadt Rom gegründet wurde. Varro (116 v.u.Z. - 27 u.Z.) ging vom Untergang Trojas aus (1193 v.u.Z. nach heutiger Zeitrechnung), und berechnete die Gründung Roms vier Saecula à 110 Jahre, also 440 Jahre, später. Dies war für ihn die nach Astrologen richtige Zeitspanne zwischen Tod und Wiedergeburt. Das ist das Jahr 753 v.u.Z., das man noch heute allgemein verwendet.

Weitere Beispiele sind das Datum der Erschaffung der Welt oder das Datum der Geburt des Messias. Im christlichen, europäischen Mittelalter war das zahlensymbolische Vorbild natürlich die Bibel. Am Beispiel des "Annoliedes", einer Geschichtsdichtung, die dem 11. Jahrhundert zugeschrieben wird (erster Druck 1639 nach der einzigen Handschrift, die seitdem verschwunden ist), kann man gut erkennen, wie biblisch geprägte Zahlensymbolik die dargestellte Geschichte strukturiert. Bei diesem Werk spielen die Zahlen 3, 4, 7 und 33 eine besondere Rolle.

Diese werden offensichtlich derzeit in der offiziellen Geschichte als Einzelfälle wahrgenommen, weil das ganze Ausmaß noch nicht bekannt ist. Aber es sind keine Einzelfälle, sondern nur typische Beispiele einer idealisierten Konstruktion der gottgewollten Geschichte nach den Gesetzen der Geometrie in einer Zeit mit andersartigen Gesellschafts-, Religions- und Herrschaftsverhältnissen als heute.

Die Geometrie diente seit der Antike in den Wissenschaften als Methode, alles in ein System mit idealen und symmetrischen Formen zu gießen, auch Dinge, die eigentlich unbekannt waren. Höhepunkt dieser rationalistischen Weltanschauung war das 17. Jahrhundert. Französische Gärten mit ihrer symmetrischen Anordnung (altgriechisch συμμετρία = "Ebenmaß") veranschaulichen das Prinzip. In der Philosophie schrieb Baruch Spinoza seine bekannte "Ethica, ordine geometrico demonstrata" (lateinisch = Ethik, nach geometrischer Methode dargelegt) und die Musik Johann Sebastian Bachs durchzieht der der strenge geometrische Aufbau.

Abb. 4: Schloss Versailles

In der Naturphilosophie (heute Naturwissenschaft) wurden mit der geometrischen Methode bahnbrechende Erfolge erzielt. Dabei waren Idealvorstellungen von der Welt Grundlage für erfolgreiche Modelle, die die Welt erklärten und Unbekanntes erschlossen.

Z.B. sah Galileo Galilei (1564-1642) bei den von ihm entdeckten Fallgesetzen von den je realen und je unterschiedlichen Beschaffenheiten der fallenden Gegenstände (Masse, Gestalt, Stoff usw.) und des

17

Mediums (Luft, Wasser usw.) ab und postulierte einen vollkommen leeren Raum. Nur mit Hilfe dieses Ideals konnte er seine Gesetze formulieren und feststellen:

- Alle Körper fallen gleich schnell.
- Die Geschwindigkeit steigt proportional mit der Zeit.
- Der zurückgelegte Weg steigt proportional zum Quadrat der Zeit.
- Die Beschleunigung ist für alle Gegenstände gleich groß.

Johannes Kepler (1571-1630), der Entdecker der drei Gesetze der Planetenbewegung, schrieb in seinem Buch "Harmonices mundi libri V" (Fünf Bücher zur Harmonik der Welt):

"Ich fühle mich von einer unaussprechlichen Verzückung ergriffen ob des göttlichen Schauspiels der himmlischen Harmonie. Denn wir sehen hier, wie Gott gleich einem menschlichen Baumeister, der Ordnung und Regel gemäß, an die Grundlegung der Welt herangetreten ist."

Daher ist es naheliegend, auch bei den Geschichtsschreibern und Historikern

a) die Arbeitsweise und

b) die Arbeitsergebnisse

daraufhin zu untersuchen, ob sich dieses Weltbild darin wiederfindet.

Die Arbeitsweise der Historiker in dieser Zeit hat vor kurzem B. Steiner analysiert. Er stellt fest (obwohl er das ganze Ausmaß, wie es aus den in diesem Buch beschriebenen Ergebnissen folgt, natürlich noch nicht kannte):

"Doch wird durch eine spezifische Lektüre der Texte von Newton, Leibniz, Locke und anderer deutlich, wie viele Ähnlichkeiten zwischen der physikalischen Sicht der Welt und der der Historiker besteht." [...]

und

18

"Geschichte funktioniert nach Gesetzen der Geometrie.". [..]
[Steiner 2008, S.6]

"Wie die der europäischen Expansion unterworfene Welt in Koordinaten-gitter unterteilt wurde, um das noch zu wissende Nicht-Wissen zu markie-ren, so wurde auch die Vergangenheit als geometrischer Plan aufgerissen."
[Steiner 2008, S.315]

Die Analyse der Arbeits<u>ergebnisse</u> der Geschichtsschreiber und His-toriker bis in die frühe Neuzeit hinein ist Gegenstand dieses Buches. Die heutige offizielle Geschichte stützt sich in ihrer Chronologie und in ihrem Gerüst der angenommenen Ereignisse der Vergangenheit auf diese Ergebnisse. Bislang sind diese – abweichend von anderen Wissenschaften – noch nicht

grundlegend revidiert worden. Die "Kopernikanische Wende" in der Geschichtswissenschaft steht also noch aus.

Ob sich der Leser auf die Seite der Verteidiger des alten Weltbildes stellt, oder sich mit Kopernikus eine neue Welt erschließt, hängt we-niger vom vorhandenen Wissensstand ab (z.B. über Geschichte), son-dern vielmehr von der grundsätzlichen Einstellung der Welt und vor allem der Wissenschaft gegenüber. Warum das so ist, wurde am An-fang dieses einleitenden Kapitels erläutert.

Jemand, der an das alte Wissen glauben will, das ihm irgendwann einmal eingetrichtert wurde, wie seinerzeit diejenigen, die an die Erde im Mittelpunkt des Universums glaubten, kann niemand vom Gegenteil überzeugen. Argumente können Dogmatiker nicht über-zeugen.

Aber jemand, der offen ist für neue Erkenntnisse, wird von der Lek-türe dieses Buches profitieren und zum Erfolg der Kopernikanischen Wende in der Geschichtswissenschaft beitragen.

Warum war der Name "Karl" im Hochmittelalter so unbeliebt?

Karl? Fehlanzeige!

Im "Lexikon der Vornamen" von G. Drosdowski lesen wir:

"Der Name Karl wurde, nachdem Karl der Große dem Namen hohes Ansehen verliehen hatte, auch von anderen Herrschergeschlechtern übernommen und drang in andere europäische Sprachen ein." [Drosdowski 1974, S. 127]

Dies ist die allgemein verbreitete Meinung, die sich auch in anderen Werken wiederfindet. Aber nichts könnte falscher sein als diese Behauptung.

Karl der Große lebte nach offizieller Geschichte von ca. 747-814. In Wirklichkeit dauerte es über 400 Jahre, bis ein anderes Herrschergeschlecht den Namen Karl übernahm, bis zu Karl I. von Anjou (1226-1285, König von Sizilien) aus der französischen Kapetinger-Dynastie. Er wird als letztgeborener Sohn des französischen Königs Ludwig VIII. (1187-1226) angesehen, wobei die genauen Umstände der Geburt umstritten sind.

Abb. 5: Statue von Karl I. von Anjou am Königspalast in Neapel. Er ist der erste französischstämmige König mit Namen Karl nach Karl dem Großen und den Karolingern, Autor: Raffaele Esposito, Lizenz: CC BY-SA 2.5

Quelle: https://de.wikipedia.org/wiki/Karl_I._%28Neapel%29#/media/File:Palazzo_Reale_di_Napoli_-_Carlo_I_d%27Angi%C3%B2.jpg

Ein ca. 20 Jahre zuvor geborener, unehelicher Sohn des französischen Königs Philipp II. wird in den Quellen Peter Karlotus (ca. 1205/09-1249) genannt. Karlotus ist die Diminutivform von Karl, französisch Charlot, deutsch Karlchen. In Deutschland dauerte es noch ein Jahrhundert länger, bis der Name Karl wieder auftaucht.

Selbst beim ansonsten sehr kritischen und genau beobachtenden U. Topper liest man, Karl sei ein im Mittelalter gebräuchlicher Name gewesen.

> *"Dagegen lauten deutsche Vornamen in der Zeit vor 1350 immer: Karl, Otto, Heinrich, Friedrich, Ulrich, Hermann, Bernhard usw."* [Topper 2003, S. 38]

Jedoch ist bereits A. Bach das seltsame Fehlen des Namens Karl nach dem Frühmittelalter aufgefallen. Unter den 1000 Studenten der Universität Köln im 14. und 15. Jahrhundert findet er z.B. keinen einzigen Karl [Bach 1943, S. 351]. Bis zum Beginn des 17. Jahrhundert scheint der Name Karl nur vereinzelt ergeben worden zu sein. Eine wachsende Beliebtheit des Namens Karl kann Bach erst nach 1610 feststellen, nach der Heiligsprechung eines anderen Karls, des Kardinals und Erzbischofs von Mailand Karl Borromäus.

Abb. 6: Karl der Große (links) zusammen mit Kaiser Karl V. im Erstdruck der Biographie von Karl dem Großen ("Vita Caroli Magni") von Einhard 1521

Namenswahl im Mittelalter

Die Art der Vergabe der Rufnamen in Mittel- und Westeuropa im Mittelalter lässt sich in drei Phasen einteilen, in denen jeweils andere Motive für die Namenswahl im Vordergrund standen.

1) Zu Beginn des Frühmittelalters scheint die Individualität bei der Namensgebung im Mittelpunkt zu stehen. Es ist eine derartige Fülle von Namen überliefert, wie aus keiner anderen Epoche. Nachbenennung ist weitgehend die Ausnahme. Allenfalls wird eine Silbe des Namens an die Nachkommen weitergegeben und mit einer neuen kombiniert, oder es findet vereinzelt eine Nachbenennung nach den Großeltern statt. Bei L. Holzfurtner entsteht „der Eindruck einer völlig regellosen Willkür" [Holzfurtner 1982 S. 3]. Im Laufe der Zeit nimmt die Nachbenennung regional unterschiedlich zu, in Skandinavien eher als in England.

Seibicke stellt fest, dass es eine „ausgeprägte ständische Schichtung in der Namengebung" nie im Deutschen gegeben hat [Seibicke 2008, S. 149]. Er bezieht dabei die frühdeutsche Zeit ausdrücklich mit ein. Alle während einer bestimmten Zeit verwendeten Rufnamen scheinen mit nur geringen Abweichungen in allen Bevölkerungsschichten in Gebrauch gewesen zu sein.

Hierzu im Kontrast stehen die überlieferten Namen der fränkischen Merowinger- und Karolinger-Dynastie. Der Namensvorrat bei diesen ist eng begrenzt, so dass es sehr häufige Namenswiederholungen gibt. Und was das Entscheidende ist: Die typischen karolingischen Königsnamen Karl und Pippin findet man außerhalb der Karolinger-Dynastie nicht an ! [vgl. z.B. Geuenich 1976]

2) Ab dem 10.-11. Jahrhundert beginnt die vermehrte Benennung nach den Namen der herrschenden Fürsten. Dabei sind deutliche Unterschiede zwischen Deutschland, Frankreich und England erkennbar, die mit den jeweiligen Namen der Könige korrelieren. Herrscherdynastien weichen in der Vergabe der Namen des Nachwuchses von den sonst bevorzugten Leitnamen der jeweili-

gen Dynastie ab, wenn es herausragende Vorbilder als Kaiser und Könige gibt. Dann werden auch deren Namen vergeben.

Eine überzeugende Erklärung dafür, warum nicht schon zuvor bei Adligen und einfachem Volk die Namen der aktuellen oder verstorbenen Fürsten vergeben wurden, gibt es nicht. Hier besteht ein entscheidender Unterschied zum Byzantinischen Reich, wo es diese Trennung nicht gab.

3) Ab dem 13. Jahrhundert beginnt die vermehrte Vergabe von (christlichen) Heiligennamen, aber gleichzeitig findet man auch wie zuvor die Namen der Könige und Fürsten wieder. Dieser Prozess ist verbunden mit einem starken Namensschwund, so dass die Anzahl der verschiedenen vergebenen Namen rapide sinkt. Der Höhepunkt des Namensschwundes ist dann im 16. Jahrhundert erreicht.

Bemerkenswert bei den germanisch-deutschen Rufnamen ist, dass die Christianisierung überhaupt keinen Einfluss auf die Namensgebung hatte. Erst ab dem 13. Jahrhundert, also gemäß offizieller Geschichte ca. acht Jahrhunderte danach, beginnen Namen von Heiligen und Personen aus der Bibel bei der Namenswahl eine nennenswerte Rolle zu spielen. Zuvor findet man insbesondere Namen aus dem Alten Testament lediglich in Überlieferungen über Geistliche [Seibicke 2008, S. 132]. Es ist allerdings für das 13. Jahrhundert kein Ereignis überliefert, dass diese Zunahme christlicher Vornamen gerade in dieser Zeit erklären könnte.

Ist daher das Christentum vielleicht gar nicht so alt, wie es heute in den Geschichtsbüchern steht? Sind die Überlieferungen aus der Kirchengeschichte davor vielleicht auch nur Fälschungen wie die jetzt schon bekannte Unmenge von nachgewiesenen Fälschungen der Kirche? Kammeier [Kammeier 2000] und Topper [Topper 1998] sehen das Papsttum erst im 14. Jahrhundert in Avignon entstehen, als sich dort nach offizieller Geschichte die römischen Päpste im sogenannten "Babylonischen Exil" befanden. Nach E. Johnson entstand das Christentum, so wie wir es heute verstehen, mitsamt der Bibel erst in der Zeit um 1500 [Johnson 1894 und 1904]. Dies schließt allerdings nicht aus, dass man vor dieser Zeit unter "Christentum" etwas ganz anderes verstanden haben könnte, was dann später von der Papstkirche vereinnahmt wurde wie so vieles andere. Z.B. ist es bei den wichtigsten christlichen Feiertagen vielen auch gar nicht bewusst, dass sie schon existierten, bevor die katholische Kirche entstand.

Eine Besonderheit gibt es auch bei den Papstnamen. Die von den Päpsten nach ihrer Amtsübernahme gewählten Namen waren im Früh- und Hochmittelalter ausschließlich ihnen vorbehalten. [Mitterauer, S. 367].

„Das Phänomen ist erstaunlich, dass gerade dann, als sich die Fürstennamen nahezu inflationär verbreiteten, die päpstlichen Thronnamen exklusiv werden." [Mitterauer, S. 475]

Der wohlstrukturierten, und daher weitgehend erfundenen, Papstliste ist ein eigenes Kapitel gewidmet.

In Osteuropa scheint das Phänomen des Fehlens von Fürstennamen beim einfachen Volk noch im 15. Jahrhundert verbreitet gewesen zu sein, so dass dort keine Nachbenennung nach den russischen Rurikiden-Fürsten existiert, außer dann, wenn es gleichnamige Heilige gibt. [Mitterauer, S. 289]

Beispielhaft für den Übergang von Phase 2 zu 3 bei der Art der Vergabe von Namen werden in Tabelle 2 die beliebtesten Rufnamen in Bamberg im 14. und 15. Jh. gezeigt. Erstaunlich ist, dass in der ersten Hälfte des 14. Jahrhunderts unter den zehn meist vergebenen männlichen Vornamen kein einziger Vorname ist, der einen Bezug zur christlichen Religion hat. 150 Jahre später hat sich das vollkommen geändert, und das wird auch danach so bleiben. Mit dem ursprünglich hebräischen Johannes liegt ein typisch christlicher Vorname dann sogar auf Platz 1.

Bei den Frauen landet Elisabeth, der hebräische Name der Mutter von Johannes dem Täufer, zur gleichen Zeit auf Platz 3. Bei den Frauen hatte diese stärkere Beeinflussung durch hebräisch-griechische Vornamen (Agnes, Katharina, Jutta, Christine, Anna, Katharina, Margarete, Elisabeth) offensichtlich schon im 14. Jahrhundert begonnen, obwohl nur Christine (deutsch: Anhängerin von Christus) ein eindeutig christlicher Vorname ist.

Jutta liegt zu dieser Zeit auf Platz 1. Jutta ist die deutsche Kurzform von Judith = Frau von Judäa. Im alttestamentlichen "Buch Judith" tötet eine Frau dieses Namens den assyrischen Heerführer Holofernes mit dessen eigenem Schwert und rettet damit das auserwählte Volk, was sie zur Heldin Israels macht.

Die Namen Margarete (griechisch: "Perle", christliche Märtyrerin Margarete die Heilige, deutsche Kurzform Gretel), Elisabeth, Anna und Katharina, die im 15. Jahrhundert zu den beliebtesten und häufigsten weiblichen Vornamen wurden, blieben dies übrigens bis zum Beginn des 20. Jahrhunderts, teilweise auch darüber hinaus.

Männernamen		Frauennamen	
1323/48	1481/97	1323/48	1481/97
1. Heinrich	Johannes	Jutta	Margarete
2. Konrad	Konrad	Kunigunde	Kunigunde
3. Hermann	Heinrich	Adelheid	Elisabeth
4. Otto	Friedrich	Irmel	Anna
5. Friedrich	Nikolaus	Christine	Katharina
6. Walther	Georg	Hedwig	Barbara
7. Eberhard	Peter	Hilde	Gerhaus
8. Ulrich	Michael	Katharina	Adelheid
9. Albert	Ulrich	Gerhaus	Agnes
10. Berthold	Hermann	Agnes	Christine

Tab. 2: Die beliebtesten Namen im Spätmittelalter [Daten nach Kunze 1998, S. 44]

Hier fand also ab dem 13. Jahrhundert ein direktes Anknüpfen an antike Namen hebräischer und griechischer Herkunft statt, die mit der jüdisch-christlichen Religion verbunden waren. Dieser Prozess war dann im 15. Jahrhundert abgeschlossen, und die seitdem vorherrschenden Namen blieben auch bis in die Moderne hinein weit verbreitet.

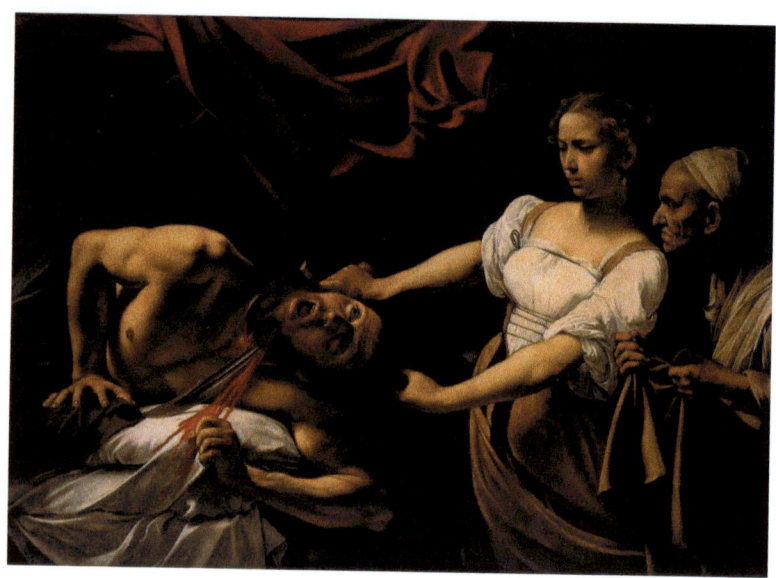

Abb. 7: Judith schneidet Holofernes den Kopf ab. Gemälde von Caravaggio. Auch die untenstehende Abbildung ist von Caravaggio.

Abb. 8: Auch bei dem zu Ende des Spätmittelalters führenden Namen Johannes (Kurzform Hans) spielt eine Enthauptung eine wichtige Rolle, diesmal allerdings aus der Opfer- und nicht aus der Täterperspektive gesehen. Die religiös überhöhten Figuren sind nicht mehr die Täter wie die alttestamentliche Judith (und König David usw.), sondern die Opfer wie der neutestamentliche Johannes (und der gekreuzigte Jesus). Johannes der Täufer, eine der wichtigsten Figuren des Christentums, stirbt durch das Schwert. Seinen Kopf forderte Salome, Stieftochter des Königs Herodes Antipas. Dieser Wandel muss also ab der zweiten Hälfte des 14. Jahrhunderts stattgefunden haben, nach der Zeit des Kälteeinbruchs (Ende der mittelalterlichen Warmzeit), der Hungersnöte, der Pest und zahlreicher Naturkatastrophen.

Der Name „Karl" in mittelalterlichen Adelshäusern

Zurück zu Karl dem Großen, mit dem dieses Kapitel begann! Karl der Große war nun sowohl König und Kaiser als auch Heiliger. Warum also findet man dann seinen Namen nach dem Aussterben der Karolinger erst so spät wieder?

Im Ostfrankenreich war Kaiser Karl III. (876-887), der Dicke, der letzte König der Karolinger mit Namen Karl. Der letzte Karolinger-König überhaupt mit Namen Karl war Karl III. (898-923), der Einfältige, König des Westfrankenreiches. Anfang des 11. Jh. starben dann die Karolinger insgesamt in männlicher legitimer Linie aus.

Die Analyse der Namen der ostfränkischen und römisch-deutschen Adelshäuser zeigt, dass es während des Hochmittelalters nicht nur keinen einzigen König mit Namen Karl gibt, nein, kein einziges Mitglied einer Herrscherdynastie trägt den Namen Karl. Kein einziger Konradiner, Ottone, Salier, Welfe, Nassauer, Wittelsbacher, Habsburger, Luxemburger oder Staufer usw. trug bis zu Karl IV. (geb. 1316) den Namen Karl. Der eigentliche Name (Taufname) dieses ersten ostfränkischen/römisch-deutschen Adligen seit 911 mit späterem Namen Karl ist außerdem auch Wenzel, bzw. Vaclav/Venceslaus. Wenzel wurde 1316 in Böhmen geboren, wuchs in Paris auf, und erhielt vom französischen König Karl IV. den Namen "Karl". So wurde Wenzel 1346 als Karl IV. römisch-deutscher König, und später Kaiser. Danach taucht der Name Karl etwas häufiger auf, zunächst nur beim Adel.

[Zuvor soll es bei den Habsburgern wohl 1276 schon einen Karl gegeben haben, der aber noch im Jahr der Geburt stirbt (wenn das stimmt), wohl weil es Verbindungen zum Haus Anjou gab. Denn zwei Habsburgerinnen waren mit Anjous verheiratet, u.a. mit dem Anjou-König Karl Martell. So richtig verbreitet wurde der Name Karl aber auch bei denen erst im 16. Jahrhundert, wie auch z.B. bei den Wittelsbachern.

Friedrich II. soll 1238 einen Sohn mit Namen Carlotus gehabt haben, der aber dann in Heinrich umbenannt wurde und schon als Kind starb. Sonst weiß man nichts über ihn und einen weiteren Carlotus oder gar Carolus/Karl gibt es bei den Staufern nicht. Interessanterweise soll auch der französische König Philipp II. einen Sohn mit dem Doppelnamen (ganz ungewöhnlich!) Peter Karlotus gehabt haben (1205/1209-1249). Also auch wie bei Friedrich II. haben wir eigentlich einen anderen Namen (Heinrich, Peter), zu dem dann irgendwie ein Karlotus dazukam. Ansonsten ist dem Autor mir der Name Karlotus im Mittelalter noch nie untergekommen. Der Suffix -ot ist ein Diminutivsuffix im Französischen. Karlot (eigentlich Charlot von Charles) könnte dann so etwas heißen wie "Karlchen". Da hätte man dann noch die lateinische Endung -us an den französischen Suffix -ot angehängt. Das ist sehr seltsam, weil -olus im Lateinischen auch ein Diminutivsuffix ist. Heute ist natürlich insbesondere die französische weibliche Form Charlotte verbreitet.]

Auch in Frankreich trägt seit den Karolingern bis ins 13. Jahrhundert über 200 Jahre lang kein Kapetinger, einschließlich der Nebenlinien Valois, Anjou usw., den Namen Karl – mit einer Ausnahme: Angeblich nennt König Philipp I. um 1085 seinen dritten Sohn Karl. Dieser verstirbt jedoch schon als Kind. Erster König mit Namen Karl ist in Frankreich wie in Deutschland ein Karl IV. (1322-1328). Nach ihm taucht der Name Karl auch in Frankreich etwas häufiger auf.

[Nach Wilhelm dem Bretonen, dem Biographen von König Philipp II. August (Vater von Ludwig VIII.), hatte bereits ein unehelicher Sohn von Ludwigs Vater nach seinem ersten Namen Peter als zweiten Namen "Carlotus" (Pierre [Charlot], genaues Geburtsjahr unbekannt 1205/09-1249). Dieser wurde Schatzmeister des Klosters St. Martin in Tours und später Bischof und Kanzler von Ludwigs Sohn Karl I., König von Sizilien. Im weitesten Sinne wäre er dann der erste Kapetinger mit einem "karlsähnlichen" Namen.]

Abb. 9: Papst Innozenz VI. und Kaiser Karl IV. Der Kaiser (rechts) hält als Insignien der Macht Schwert und Kugel, und nicht Zepter und Kreuzglobus, wie es bereits seit Jahrhunderten üblich gewesen sein soll. Seine Kopfbedeckung hat nichts mit den von üblichen Abbildungen bekannten mittelalterlichen Kronen der römisch-deutschen Könige und Kaiser zu tun. Auf dem Bild, das Papst, Kaiser und Geistliche zeigt, befindet sich erstaunlicherweise kein einziges Kreuz! Stattdessen gleicht die Musterung des Gewandes des Papstes dem alt-ägyptischen Anch-Zeichen. Sind der Papst und anderen Geistlichen auf dem Bild etwa gar keine katholischen Christen, sondern Repräsentanten einer vorchristlichen Religion?

Abb. 10: Ägyptisches Ankh

Auch in England gibt es in dieser Zeit keine Karle. In den nordischen Ländern sind sie nur sehr vereinzelt anzutreffen. Einziger König vor dem 15. Jh. ist der Schwede Karl VII. von 1160-1167.

„Warum der Siebente, wenn er doch der Erste war?" werden sich hier viele fragen. Auf die Seltsamkeiten der schwedischen Königsnamen wird im entsprechenden Kapitel eingegangen.

Wenn man der Überlieferung glauben darf, war Karl der Große der im Hochmittelalter in Mittel- und Westeuropa am meisten verehrte Herrscher nach der Antike. Ich erinnere nur exemplarisch daran:

1) Bereits im "Paderborner Epos" aus dem Jahre 799 wird Karl der Große als Pater Europae (Vater Europas) bezeichnet.

2) Der Thron Karls des Großen in der Aachener Pfalzkapelle (heute Teil des Aachener Doms) war der Krönungssitz aller ostfränkischen und römisch-deutschen Könige von Otto I. (936) bis zu Ferdinand I. (1531). Seit Otto I. (Kaiserkrönung in Rom 962) greifen die ostfränkischen und römisch-deutschen Könige auf die Kaiseridee Karls des Großen zurück. Sowohl Frankreich als auch Deutschland führen ihre Geschichte auf sein Reich zurück.

3) Sein Enkel Otto III. ließ im Jahre 1000 das Grab Karls des Großen suchen, fand es und öffnete es als Zeichen seiner Verehrung. Er knüpfte damit an antike Traditionen an – z.B. soll Augustus das Grab Alexanders des Großen besucht und geöffnet haben.

4) Im Jahre 1165 erfolgt die Heiligsprechung Karls des Großen durch den Reichskanzler von Kaiser Friedrich I. Barbarossa, Rainald von Dassel, auch Erzbischof von Köln. Gegenpapst Paschalis III. (von Barbarossa selbst eingesetzt) soll das nach offizieller Geschichte entweder gebilligt oder selbst den Auftrag dazu gegeben haben. Ein regulärer Papst war jedenfalls nie darin involviert und wollte es auch später nicht sein … Jedenfalls wird das Karlsgrab durch Friedrich I. Barbarossa erneut geöffnet.

5) Auch dessen Enkel Friedrich II. ließ das Grab öffnen und überführte 1215 die Gebeine des Überkaisers in den Karlsschrein im Aachener Dom.

Aber kein einziger römisch-deutscher Adliger dieser Zeit wollte seinen Sohn Karl nennen. Gibt es eine Erklärung für dieses Phänomen?

Da es hier um Karl den Großen geht, kommt der Autor nicht umhin, H. Illig zu erwähnen, dessen Phantomzeitthese behauptet, die Zeit von 614-911 hätte es nie gegeben, und daher hätte auch Karl der Große nie existiert [Illig 1996]. Der Chronologiefälscher wäre nach Illig der jugendliche Kaiser Otto III. (980-1002) gewesen. Darauf aufbauend hatte G. Heinsohn behauptet, Überreste (z.B. Münzen usw.), die heute Karl dem Großen zugeordnet werden, gehörten in Wirklichkeit Karl III. "dem Einfältigen" (879-923), welcher das Vorbild für Karl den Großen, so wie er heute dargestellt wird, abgegeben hätte [Heinsohn 2001].

Nach seiner neuen These über das erste Jahrtausend unserer Zeitrechnung gehören für Heinsohn römische Antike, römische Spätantike und das römisch geprägte Frühmittelalter gemeinsam ins 8.-10. Jahrhundert, wobei Karl der Große und die anderen Karolinger im 9./10. Jahrhundert landen [Heinsohn 2014].

Diesen Thesen schließt sich der Autor dieses Buches jedoch ausdrücklich nicht an. Neben anderen Schwächen wäre damit nämlich nicht das hier beschriebene Problem gelöst, warum der Name "Karl" trotz höchster Verehrung von Karl dem Großen, und der Vorbildwirkung der Karolinger, im Hochmittelalter von keinem einzigen nachkarolingischen Adligen in Frankreich und dem Heiligen Römischen Reich bis zum 13. bzw. 14. Jahrhundert vergeben wurde. Und auch beim einfachen Volk fehlt der Name Karl, ganz im Gegensatz zu den in dieser Zeit üblichen Namenskonventionen, die in diesem Kapitel dargestellt wurden. In Wirklichkeit ist also das Problem viel größer.

Vorüberlegungen
inkl. Exkurs zu Großbritannien und den USA

Sieht man sich neuzeitliche Listen der Namen der aufeinanderfolgenden Regenten eines Landes an, so wird man nicht erwarten, dass diese nach einem bestimmten Muster angeordnet sind, oder eine irgendwie geartete Struktur aufweisen. Hier z.B. die Liste der Namen aller Königinnen und Könige von Großbritannien von 1707 bis heute:

1707	Anne
	Georg I.
	Georg II.
	Georg III.
	Georg IV.
	Wilhelm IV.
	Victoria
	Eduard VII.
	Georg V.
	Eduard VIII.
	Georg VI.
bis heute	Elisabeth II.

Tabelle 2: Die Namen der Könige und Königinnen von Großbritannien von 1707 bis 2015

Hier ist keine Struktur vorhanden. Die einzige Regelmäßigkeit besteht im zweimaligen Aufeinanderfolgen von Eduard und Georg. Diese alternierenden Namenswiederholungen lassen sich jedoch ganz einfach aufgrund bestimmter Leitnamen einer Dynastie und durch bewusste Nachbenennungen erklären und sind daher nicht Thema des Buches. Übrigens wurde dies in Dänemark auf die Spitze getrieben. Dort hießen alle Könige von 1513-1972 abwechselnd Christian oder Friedrich.

Abb. 11: Anne Stuart (1665-1714) im Alter von etwa 19 Jahren. Anne Stuart wurde 1702 Königin von England, Schottland und Irland. 1707 wurden England und Schottland vereinigt und sie wurde die erste Königin von Großbritannien – und gleichzeitig die letzte Königin des Hauses Stuart. Es folgte ihr als britischer König Georg I., der bereits Herzog von Braunschweig und Lüneburg sowie Kurfürst von Hannover war.

Abb. 12: König Eduard VII. (1841-1910) knüpft mit der Wahl seines Königsnamens an die wohlstrukturiert angeordneten mittelalterlichen Eduards an (Nummerierung erst ab Eduard I. 1272). Er ist der erste König des Hauses Sachsen-Coburg und Gotha, dessen Nachfahren bis heute die Könige des Vereinigten Königreiches stellen

Von 1714 (Georg I.) bis heute herrschten in Großbritannien durchgängig das Haus Hannover sowie ab dem Sohn von Königin Victoria, Eduard VII., das Haus Sachsen-Coburg und Gotha (im Ersten Weltkrieg in "Windsor" umbenannt). Georg I. war der Dynastiegründer, so dass sein Name bei der Namensvergabe dominant wurde und am häufigsten anzutreffen ist. Das erstmalige Auftreten von Eduard folgt einer bewussten Wahl des Königsnamens bei der Thronbesteigung. Der Geburtsname von Eduard VII. war eigentlich Albert Eduard und in der Familie wurde er "Bertie" genannt (Kurzform von Albert).

Der Name Eduard war bereits in der mittelalterlichen englischen Geschichte bis Eduard VI. (1547-1553) ein wichtiger Name. Von 899 (Eduard der Ältere) bis 1461 (Eduard IV.) trägt jeder 7. König den Namen Eduard (wenn man die Zeit der Normannen von 1066-1154 als Sonderfall betrachtet).

Mit Eduard VII., dem ersten König des Hauses Sachsen-Coburg und Gotha, wurde der Name Eduard wieder bei der Namenswahl des Nachwuchses wichtig. Der zehnte Träger dieses Königsnamens bezog sich bei der öffentlichen Begründung für diese Wahl auf die neun bisherigen Träger dieses Namens. Er stellte allerdings seinen Wunsch in den Vordergrund, dass der Name seines Vaters Albert (Ehemann von Königin Victoria) allein mit diesem verbunden bliebe [The London Gazette 1901]. Auch Georg VI., der Vater der derzeitigen Königin Elisabeth II., verzichtete auf die Wahl des Königsnamens Albert. Sein Geburtsname war eigentlich Albert Frederick Arthur George.

Als ein weiteres Beispiel für die nicht vorhandene Strukturierung der Namen der Herrscher in der Moderne werden im Folgenden die Präsidenten der USA von 1789-2015 aufgelistet. Jeder Name wird nur einmal aufgeführt, beim ersten Regierungsantritt. Diese Regel gilt übrigens auch für alle weiteren im Buch verwendeten Herrscherlisten. Es gibt einige Namen von Präsidenten, die durchgängig vom 18/19. bis zum 20./21. Jahrhundert auftreten: George, John, James, William. Die einzige Auffälligkeit ist, dass jeweils zwischen John I., II. und III. drei andere Präsidenten regieren. Da es sonst nichts Auffälliges gibt, kann man das bei der Zahl von insgesamt 43 Präsidenten als Zufall verbuchen.

Beginn	Ende	Name
1789	1797	George I.
1797	1801	John I.
1801	1809	Thomas
1809	1817	James I.
1817	1825	James II.
1825	1829	John II.

1829	1837	Andrew I.
1837	1841	Martin
1841	1841	William I.
1841	1845	John III.
1845	1849	James III.
1849	1850	Zachary
1850	1853	Millard
1853	1857	Franklin I.
1857	1861	James IV.
1861	1865	Abraham
1865	1865	Andrew II.
1869	1877	Ulysses
1877	1881	Rutherford
1881	1881	James V.
1881	1885	Chester
1885	1889	Grover
1893	1897	
1889	1893	Benjamin
1897	1901	William II.
1901	1909	Theodore
1909	1913	William III.
1913	1921	Woodrow
1921	1923	Warren
1923	1929	Calvin
1929	1933	Herbert
1933	1945	Franklin II.
1945	1953	Harry
1953	1961	Dwight
1961	1963	John IV.
1963	1969	Lyndon
1969	1974	Richard
1974	1977	Gerald
1977	1981	James VI.
1981	1989	Ronald
1989	1993	George II.
1993	2001	William IV.
2001	2009	George III.
2009		Barack

Tab. 3: Liste der Präsidenten der USA von 1789-2015

35

Dieser Befund einer fehlenden Strukturierung in der Abfolge der Namen, außer leicht erklärbar durch Leitnamen und bewusste Nachbenennungen, ist wenig erstaunlich und steht in Übereinstimmung mit der vorherrschenden Meinung in der Geschichtswissenschaft, die nicht von Gesetzmäßigkeiten oder einem planmäßigen Ablauf in der Geschichte eines oder mehrerer Länder ausgeht.

Ebenso wenig sind Gegenstand des Buches ganz offensichtlich zufällig entstandene Wiederholungen mit wenigen Elementen. Bei diesen entsprechen Anfang und Ende keiner sachlichen und historisch begründbaren Abgrenzung zu den Zeiträumen zuvor und danach. Um den Unterschied zum "Wohlstrukturierten Mittelalter" zu verdeutlichen, habe ich im Anhang beispielhaft eine kuriose Prognose zur Fußball-Weltmeisterschaft 2006 beschrieben.

Sehr erstaunt ist man deshalb, wenn man die Listen der Regenten des Mittelalters analysiert. Hier wird man nämlich in allen Reichen Europas, die bis in die Renaissancezeit existierten, inklusive des Byzantinischen Reiches, Strukturen erkennen, nach denen die Abfolge der Namen angeordnet ist, und deren Anfang und Ende historisch begründbar deutlich abgegrenzt ist.

Meine Analyse wird also die Aussage von H. Grundmann bestätigen, und zwar viel radikaler als dieser es meinte:

"Nicht als Zeugnis für geschichtliche Ereignisse, sondern als Ausdrucks- und Gestaltungsform mittelalterlichen Geistes wie andere Literaturformen auch wird hier die Geschichtsschreibung des Mittelalters vornehmlich in Deutschland gesichtet."

[Grundmann 1987, S. 6]

Auch F.-J. Schmale unterscheidet zwischen

1) *"dem funktionalen Bereich menschlichen Handelns und dessen Wirkungen"*
   (*"die sogenannten historischen Tatsachen, die Ereignisse"*),
   und

2) *"dem intentionalen Bereich der Vorstellungen der handelnden und*

die Handlungen betrachtenden Personen"
("Vorstellungen, Absichten, Sichtweisen, Bewußtseinsinhalte").

[Schmale 1985, S.1]

"Gerade im Mittelalter, besonders im Früh- und Hochmittelalter, werden diese "Tatsachen" aber nur selten durch Zeugnisse, die den Handlungen selbst entstammen, durch sogenannte "Überreste" überliefert, belegt und unmittelbar zugänglich. Die Masse der Daten über den funktionalen Bereich entstammt literarisch geformten Berichten. [Schmale 1985, S.1]
[...]
In der Praxis der Geschichtswissenschaft ist die Historiographie des Mittelalters, ohne daß dies theoretisch begründet worden wäre, daher grundsätzlich anders betrachtet worden als die Historiographie der Moderne."

[Schmale 1985, S.2]

In der folgenden Analyse der Geschichte Alteuropas wird der Begriff Alteuropa in der Tradition Otto Brunners (1898-1982) als Gegensatz zur Moderne verwendet, umfasst also die nach einer anderen Einteilung üblichen Zeitepochen der Antike, des Mittelalters und der Frühen Neuzeit Europas bis etwa 1800. In dieser Zeit und den Jahrzehnten danach erfolgte ein weit tiefgreifenderer Wandel der Gesellschaft als jeweils zwischen den drei traditionell verwendeten Zeitepochen.

Abb. 13: Europa 1135

EUROPE
1135

Das römisch-deutsche
Wohlstrukturierte Mittelalter
von 911 bis 1313

Das System der Königsnamen

Deutschland hat – im Gegensatz zu allen anderen späteren europäischen Nationalstaaten – das Problem, dass es nach offizieller Geschichte im Mittelalter überhaupt keine deutschen Könige gab. Jedenfalls nannte sich nach Quellenlage kein einziger König des Mittelalters "deutscher König", "König der Deutschen" oder "König von Deutschland" o.ä.

Die Urkunden und anderen Schriftstücke der Herrscher wurden bis zum 13. Jahrhundert fast ausschließlich in Latein ausgestellt. Erst ab der Zeit von König Ludwig IV., genannt "der Bayer" (1314-1346), findet man überwiegend deutschsprachige. Daher tragen die Könige dieser Zeit natürlich auch lateinische Titel. Diese Könige hatten nach offizieller Geschichte entweder die Titel "Rex" ("König" ohne weiteren Zusatz), im 10./11. Jahrhundert zumeist "Rex Francorum Orientalium" (König der Ostfranken) und ab dem 11. Jahrhundert "Rex Romanorum" (König der Römer). Der Kaisertitel der Könige, die in Rom vom Papst gekrönt wurden, lautete "Imperator Romanorum" (Kaiser der Römer).

Das Gebiet, in dem die "römischen Könige" herrschten, wurde nach offizieller Geschichte als "Römisches Reich" (Imperium Romanum) bezeichnet. Ab 1157 ist dann auch "Heiliges Reich" (Sacrum Imperium) überliefert, und ab 1254 "Heiliges Römisches Reich" (Sacrum Imperium Romanum). Der Zusatz "Deutscher Nation" (Nationis

Germanicae) ist ab der zweiten Hälfte des 15. Jahrhunderts nachgewiesen, also "Heiliges Römisches Reich Deutscher Nation". Das blieb auch die Bezeichnung bis zum Ende 1806.

In der Geschichtswissenschaft werden diese Herrscher heute römisch-deutsche Könige und Kaiser genannt, um sie von den römischen Königen und Kaisern der Antike und den deutschen Kaisern von 1871-1918 zu unterscheiden.

Abb. 14 (links): Siegel von Konrad I. (König 911-919)
Abb. 15 (unten): Heinrich I., "dictus auceps" = genannt der Vogler (König 919-936). Auf dieser Zeichnung aus dem 17. Jahrhundert (angefertigt nach einer Stuckfigur aus dem 13. Jahrhundert) wird er noch Kaiser (Imp[erator]) genannt.

Die meisten Historiker des 20. Jahrhunderts sahen einen der beiden Könige als ersten deutschen König an. Mit Konrad I. wurde erstmals ein Adliger zum ostfränkischen König gewählt, der nicht aus der Dynastie der Karolinger stammte, und diese Einheit der ostfränkischen Stämme (Franken, Sachsen, Alemannen, Bayern) blieb in den folgenden Jahrhunderten erhalten.

Im Folgenden wird die Abfolge der Namen der römisch-deutschen Könige des Hochmittelalters von 911 bis 1313 analysiert. Solche Listen über die Herrscher eines Landes in der Vergangenheit gibt es seit der Antike. Für das Mittelalter sei als ein Beispiel auf die Chronik von Otto von Freising (1112-1158) verwiesen ("Chronica sive Historia de duabus civitatibus").

Die der Analyse zugrunde gelegten Herrscher und die entsprechenden Jahreszahlen entsprechen denen der offiziellen Geschichte, wie sie spätestens seit Anfang des 19. Jahrhunderts gelten. Für das Ostfrankenreich und spätere Heilige Römische Reich gibt es keine unterschiedlichen Meinungen über die zuverlässig nachgewiesenen Könige dieser Zeit. Auf zwei Könige, bei denen die Quellen problematisch sind, wird im Anschluss eingegangen.

Die Analyse zeigt, dass die Namen der römisch-deutschen Könige des Hochmittelalters von 911 bis 1313 nach folgender Kombination von sich wiederholender und wachsender Musterfolge (engl. repeating pattern und growing pattern) angeordnet sind:

a) **Konrad**
b) **Heinrich**
c) **Liste beliebiger Namen der Länge x, wobei x+1 die Länge des nachfolgenden Abschnitts ist, mit x1=3. Dies ist also eine rekursive Definition mit x2=4, x3=5 und x4=6.**
d) **Heinrich**

Dieses Muster wiederholt sich in der genannten Zeit insgesamt viermal. Die Differenz der Anzahl der Könige von Abschnitt x zu Abschnitt x+1 ist immer 1. Das heißt, die Anzahl der Könige steigt in jedem der vier Abschnitte jeweils um 1. Es gibt also in jedem nachfolgenden Abschnitt immer einen König mehr als im davor liegenden.

Es sind sämtliche ostfränkisch/römisch-deutschen Könige, auch die sogenannten Gegenkönige, erfasst (aber natürlich keine Unterkönige von Böhmen, Bayern oder anderer Teile des Ostfrankenreiches und späteren Heiligen Römischen Reiches).

Der einzige aller 31 Könige mit 13 verschiedenen Namen in dieser Zeit (davon 13 vom Papst in Rom gekrönte Kaiser), der vermeintlich nicht in das System passt, ist Lothar III. (1125-1137). Er steht jedoch genau in der Mitte des Systems, zwischen dem 2. Abschnitt, der mit Konrad II. beginnt, und dem 3. Abschnitt, der mit Konrad III. beginnt. Die Mitte seiner Regierungszeit ist im Jahre 1131.

Abb. 16: König Lothar III. (1125-1137), der König der Mitte

Die weitergehende Analyse wird darüber hinaus zeigen, dass er nicht nur in der Mitte des Systems von 911-1313 angeordnet ist, sondern auch genau in der Mitte eines umfassenderen Systems, das vom ersten vom Papst gekrönten Kaiser (Karl der Große 800) bis zum letzten vom Papst gekrönten Kaiser (Karl V. 1530) reicht.

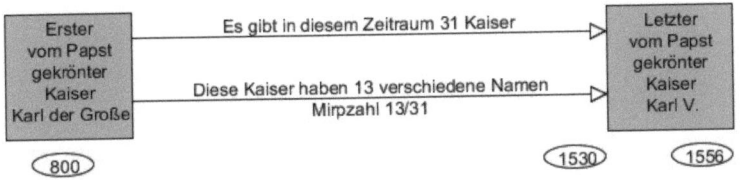

Grafik 1: Es gab insgesamt 31 Kaiser mit 13 Namen von Karl dem Großen bis zu Karl V.

In der folgenden Tabelle 4 gilt die Reihenfolge der Krönungen (bei den ersten beiden der Erhebungen), wenn es keine gab, die der Wahl. Welche Form der Erlangung der Königswürde man als Kriterium der Reihenfolge wählt, beeinflusst das Namenssystem nicht. Die Konrads und Heinrichs bleiben immer an ihren Plätzen und dazwischen bleibt die Anzahl der Könige gleich. Das wohlstrukturierte System der Reihenfolge aller Könige, geordnet nach Krönungs- bzw. Wahljahr, sieht also wie folgt aus:

		Ludwig IV.	
	911	Konrad I.	
	919	Heinrich I.	
	936	Otto I.	Kaiser
	961	Otto II.	Kaiser
	983	Otto III.	Kaiser
	1002	Heinrich II.	Kaiser
+ 113 (+/- 1) J.	1024	Konrad II.	Kaiser
	1028	Heinrich III.	Kaiser
	1053	Heinrich IV.	Kaiser
	1077	*Rudolf von Rheinfelden*	
	1081	*Hermann von Salm*	
	1087	Konrad (III.)	
	1099	Heinrich V.	Kaiser
	1125	Lothar III.	Kaiser
+ 113 (+/- 1) J.	1138	Konrad III.	
	1147	Heinrich (VI.)	
	1152	Friedrich I.	Kaiser
	1169	Heinrich VI.	Kaiser
	1198	Philipp von Schwaben	
	1198	Otto IV.	Kaiser
	1212	Friedrich II.	Kaiser
	1222	Heinrich (VII.)	
danach (ab Wilhelm von Holland alle Könige auch gekrönt)	1237	Konrad IV.	
	1246	*Heinrich Raspe*	
	1248	Wilhelm von Holland	
	1257	Richard von Cornwall	
	1257	*Alfons von Kastilien*	
	1273	Rudolf I.	
	1292	Adolf von Nassau	
	1298	Albrecht I.	
	1308	Heinrich VII.	Kaiser
	1313		
	1314	Ludwig IV.	

Tabelle 3: Das System der römisch-deutschen Königsnamen von 911-1313 [siehe z.B. Schneidmüller und Weinfurter 2003]

In den 403 Jahren von 911-1313 (Inklusivzählung) hatten die 31 Könige 13 verschiedene Namen. Passenderweise ist 31 x 13 = 403. In den ersten drei der vier Abschnitte befinden sich jeweils genau vier Kaiser. Zusammen mit Lothar III. sind das insgesamt 13 vom Papst in Rom gekrönte Kaiser. Heinrich VII. am Ende wurde nicht vom Papst gekrönt, da dieser zu jener Zeit seinen Sitz in Avignon hatte.

Bei Otto IV. von Braunschweig und Philipp von Schwaben ist die Reihenfolge umstritten, was aber keine Folgen für das beschriebene System hat.

Otto und Philipp wurden beide 1198 zum König gewählt und gekrönt. Zuvor war bereits 1196 Friedrich II. als Zweijähriger zum römisch-deutschen König gewählt worden. Er wurde aber zunächst nicht gekrönt und blieb politisch bedeutungslos.

Otto und Philipp wurden beide 1198 zum König gewählt und gekrönt. Philipp (am 8.9.) wurde mit den Herrschaftsinsignien (Reichskleinodien) gekrönt. Otto (am 12.6.) hatte nur Nachbildungen. Seine Krönung fand aber in Aachen statt, der "richtigen Stadt" dafür - und der "richtige Erzbischof" war dabei, wie man aus Ottos Sicht meinte.

Beiden fehlte somit 1198 eigentlich die vollständige Herrschaftslegitimation als gekrönter König (oder man schließt sich einer der beiden Positionen an) - was zum Problem wurde, da der eine dem anderen diese absprach.

Philipp von Schwaben setzte sich dann später weitgehend durch, und wurde am 6.1.1205 dann zum zweiten Male gekrönt, diesmal mit allem Drum und Dran, also "richtig".

Nach der Ermordung von Philipp von Schwaben 1208 war dann nur noch Otto von Braunschweig übrig. 1209 wurde er zum Kaiser gekrönt.

1212 wurde dann Friedrich II. erneut zum römisch-deutschen König gewählt, und auch gekrönt. Er setzte sich dann in den folgenden Jahren gegen Otto IV. durch und wurde 1220 auch Kaiser.

Neben dieser Strukturierung der Königsnamen gibt es eine starre Einordnung der drei nacheinander dominierenden Dynastien des Hochmittelalters (Ottonen, Salier, Staufer) in drei 113-Jahres-Abschnitte, die jeweils mit einem König Konrad einer neuen Dynastie beginnen. Identisch dazu ist die Vorherrschaft von drei der fünf Stammesherzogtümern des Hochmittelalters angeordnet, der Sachsen (1. Abschnitt), der Franken (2. Abschnitt) und der Alemannen bzw. Schwaben (3. Abschnitt). Die anderen beiden Stammesherzogtümer Bayern und Lothringen werden durch die Könige aus Bayern Ludwig IV. direkt vor 911 und direkt nach 1313 sowie Lothar in der Mitte repräsentiert - Lothringen ist nach Lothar I. benannt, der auch nach der Teilung des Frankenreiches 843 das Mittelreich beherrschte. Dies wird im Folgenden ausführlich erläutert.

Das dem Namenssystem überlagerte 3 x 113 Jahre-System

Es gibt eine zweite Strukturierung neben der Namensstruktur, eine Unterteilung der Zeit von 911 bis 1250 (339 Jahre) in drei gleich lange Abschnitte mit jeweils 113 Jahren (+/- 1), die jeweils die gekrönten Könige dieser Zeit umfassen (inkl. der ersten beiden, die erhoben wurden). Diese drei Abschnitte beginnen jeweils mit einem allein herrschenden König Konrad, dem Königsnamen nach dem beschriebenen Muster folgen und dessen zuletzt gekröntem König ein König Konrad des Folge-Abschnitts folgt. Berücksichtigt werden muss hierbei nur, dass Lothar III. genau in der Mitte des Namenssystems angeordnet ist und daher noch nach Heinrich V. steht.

Korrekter gesagt: Die Abstände in Jahren befinden sich immer im Intervall [112, 114]. Es weicht aber nur ein König vom genauen 113-Jahres-Raster ab, Konrad III., dessen Krönung zum König nach offizieller Geschichte 1138 war, und nicht 1137 (nachdem er bereits 1127 zum Gegenkönig gewählt wurde).

Es gibt jedoch mindestens eine Quelle, die für Konrad III. das Jahr 1137 nennt, wie es dem exakten Raster entspricht, der bereits genannte Otto von Freising in seiner Chronik.

Bei dieser einzigen Abweichung ist es möglich, dass die Abweichung der Jahreszahl durch unterschiedliche Jahresanfänge zustande kam. Im Mittelalter war nämlich der Jahresanfang nicht einheitlich geregelt. In der Reichskanzlei der fränkischen und römisch-deutschen Könige wurde zwar seit Karl dem Großen (768-814) der 25.12. als Jahresanfang verwendet, fast durchgängig bis zu König Friedrich II. (1211-1250). So ist der 25.12.801 (laut offizieller Geschichte die Krönung von Karl dem Großen zum Kaiser in Rom), bezogen auf den Jahresanfang 25.12., identisch mit dem 25.12.800, bezogen auf den Jahresanfang 1.1.

Regional war neben diesem Datum jedoch auch der 1.1., der 25.3. sowie Ostern sehr verbreitet. In der Zeit von Friedrich II. wurde in der Reichskanzlei meistens der 25.3. als Jahresanfang verwendet [Grotefend 1960, S.12]

Die Krönung von Konrad III. fand nach offizieller Geschichte am 13.3.1138 statt. Setzt man den Jahresanfang auf den 25.3., so stimmen die exakten 113-Jahres-Abstände, da Konrad I. und Konrad II. im November und September König wurden und Friedrich II. im Dezember starb. Der 13.3. würde dann noch im Jahre 1137 liegen. Der 13.3.1138, bezogen auf den Jahresanfang 25.12., ist der 13.3.1137, bezogen auf den Jahresanfang 25.3. Ob Konrad III. im Jahre 1137 oder 1138 König wurde, hängt also lediglich vom verwendeten Jahresanfang ab, so wie Karl der Große je nach Jahresanfang entweder 800 oder 801 Kaiser wird.

Setzt man nun durchgehend einen rechnerischen einheitlichen Jahresanfang am 25.3., so passt das exakte 113-Jahres-Raster und die Abweichung von einem Jahr bei Konrad III. verschwindet. Es handelt sich hier um eine zweite Strukturierung, die der Namensstruktur überlagert ist.

911: Konrad I.
+ 113 Jahre (6 Könige)
1024: Konrad II.
+ 113 Jahre (7 Könige + Lothar III.)
1137: Konrad III.
+ 113 Jahre (8 Könige)
1250: Tod von Friedrich II.,
dem letzten der 8 gekrönten Könige.

Zu dieser Zeit ist auch Konrad IV. König. Dieser sollte nach dem Testament von Friedrich II. nach dessen Tode die Herrschaft im Reich übernehmen.

Den artifiziellen Charakter dieser Struktur unterstreicht die Tatsache, dass sowohl Konrad I. und Konrad II. als auch Konrad III. Könige waren, die eine alte Dynastie ablösten und damit einer neuen Dynastie zum Durchbruch verhalfen, die den nachfolgenden Abschnitt dominiert.

Konrad I. war der erste König nach den Karolingern. Er war selbst zwar ein Franke, aber durch ihn kamen die sächsischen Ottonen an die Macht, die dann alle Könige des gesamten ersten Abschnitts bis zu Konrad II. stellten. Nach dem Geschichtsschreiber Widukind von Corvey ("Res gestae Saxonicae" I/XVI) hatten die Ottonen bereits zu Konrads Zeiten die faktische Macht.

Konrad II. zu Beginn des zweiten Abschnittes war der erste König aus der Dynastie der Salier, genau 113 Jahre nach Konrad I. Die Salier stellten, mit Ausnahme der beiden Gegenkönige, alle Könige des zweiten Abschnitts.

Abb. 15: Konrad II. (um 990-1039), der erste Salier-König, wird 113 Jahre nach Konrad I. König. Hier auf einer Pfennig-Münze aus Regensburg abgebildet, nach offizieller Geschichte datiert auf 1025.

Abb. 16: Konrad III. (1093-1125), der erste Staufer-König, wird 113 Jahre nach Konrad II. König. Miniatur aus der Kölner Königschronik (13. Jh.)

Konrad III. war dann, wiederum genau 113 Jahre nach Konrad II., der erste König aus der Dynastie der Staufer, die den dritten Abschnitt dominierten, bis zu Friedrich II. Als einziger König dieses Abschnitts war Otto IV. kein Staufer.

Eine solche Anordnung der drei dominierenden Dynastien des römisch-deutschen Hochmittelalters von 911-1250 in drei 113-Jahres-Abschnitten, die alle mit einem König mit identischem Namen Konrad beginnen, ist nur dadurch zu erklären, dass die Geschichte hier einer Idealvorstellung folgt, einer bewussten Konstruktion.

Die Analyse zeigt auch, dass es während der 113-Jahres-Abschnitte jeweils genau einen König gab, der einer anderen Dynastie als der dominierenden angehörte und mehr war als ein Gegenkönig. Dies waren der Konradiner Konrad I. (911-918), der Supplinburger Lothar III. (1125-1137) und der Welfe Otto IV. (1198-1218, 1208-1214 vorherrschend). Damit betragen in den jeweiligen Abschnitten die Regierungszeiten der dominierenden Dynastien 105 Jahre (Ottonen), 101 Jahre (Salier) und höchstens 106 Jahre (Staufer). Das liegt recht nahe beieinander. Auch diese weitere Regelmäßigkeit ist äußerst erstaunlich.

Bei den Weltzeitaltern im ersten Kapitel wurde gezeigt, wie konstruiert wurde, mit identischen 1000-Jahres-Abschnitten. Vergleichbar ist die Konstruktion im Hochmittelalter.

113 Jahre von 911 bis 1024: Zeitalter der Sachsen bzw. Ottonen
113 Jahre von 1024 bis 1137: Zeitalter der Franken bzw. Salier
113 Jahre von 1137 bis 1250: Zeitalter der Alemannen bzw. Staufer

49

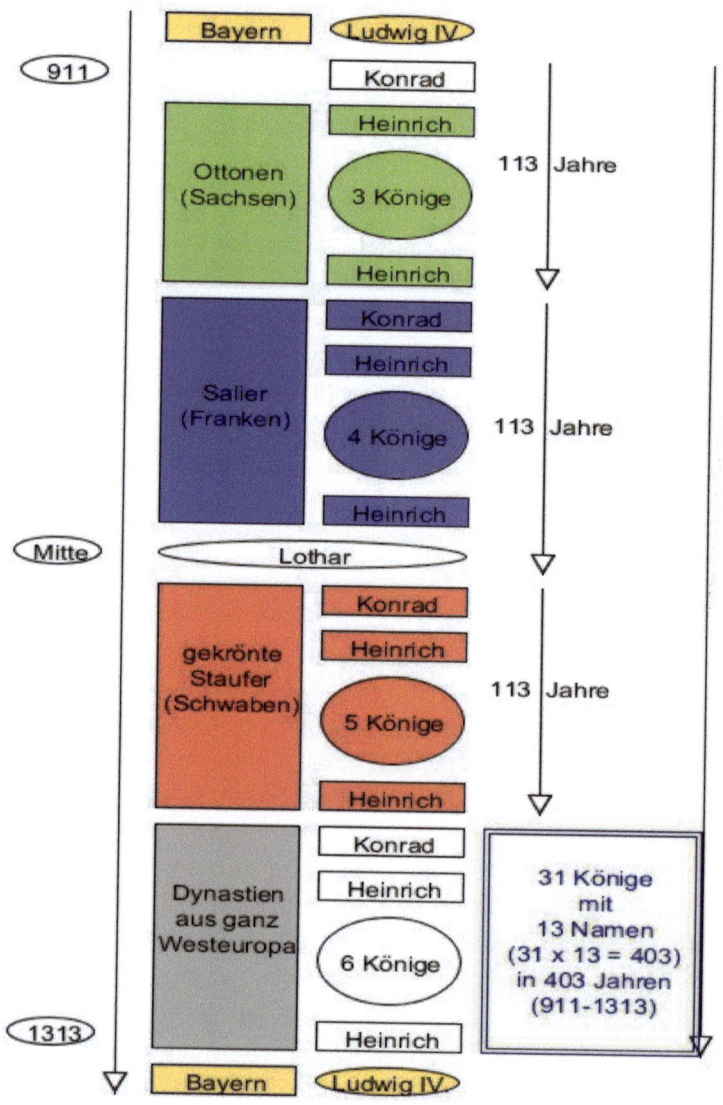

Grafik 2: Das System der römisch-deutschen Königsnamen von 911-1313

50

Eine solche Abfolge der Könige kann nicht den tatsächlichen Ablauf der Ereignisse der Vergangenheit widerspiegeln. Weiter unten wird hierfür ganz konkret die Wahrscheinlichkeit, oder besser gesagt, die Unwahrscheinlichkeit, berechnet.

Der Vollständigkeit halber eine kurze Erläuterung betreffend den Übergang vom dritten zum vierten Abschnitt (ab Konrad IV.): Die Reihe der Königskrönungen im dritten 113-Jahres-Abschnitt (1138-1250) ist gemäß Muster endgültig mit dem Staufer Heinrich (VII.) abgeschlossen, Krönung 1222 in Aachen. Er starb aber vor Friedrich II., so dass Friedrichs Tod 1250 hier das Ende aller gekrönten Könige dieses Abschnitts markiert.

Nach System folgt dann dem letzten gekrönten König des dritten Abschnitts mit Namen Heinrich ein Konrad des Folgeabschnitts, Konrad IV., der zwar gewählt, aber nicht gekrönt wird, und zwar im Jahre 1237. Der dritte und der vierte Abschnitt überschneiden sich also um 13 Jahre. Nach Konrad IV. folgt nach dem Muster wieder ein Heinrich, Heinrich Raspe, gewählt 1247, aber auch nicht gekrönt. Danach folgen nach 1250 sechs Könige mit beliebigen Namen. Am Ende folgt dann wieder ein Heinrich, Heinrich VII., der bis 1313 herrscht.

Beginnend vom Ende des 3. Abschnitts 1250 (Tod von Friedrich II.) stirbt exakt alle 113 Jahre zuvor der König, der vor einem allein herrschenden König Konrad regierte, das insgesamt dreimal.

Lothar III. (1137) -> Heinrich II. (1024) -> Ludwig IV. (911)

Die Könige vor und nach dem System

Das Ostfrankenreich und spätere Heilige Römische Reich hatte im Mittelalter fünf Stammesherzogtümer: Sachsen, Franken, Schwaben, Bayern und Lothringen ("Reich des Lothar"), von denen die ersten vier die großen Stämme Germaniens repräsentieren. Im System der Königsnamen von 911-1313 finden sich drei davon wieder: die Sachsen, die Franken und die Schwaben (Alemannen), die nacheinander jeweils einen der 113-Jahres-Abschnitte dominieren. Lothar ist als Ausnahme genau in der Mitte angeordnet. Und die Bayern finden wir mit den beiden Königen aus Bayern Ludwig IV. direkt vor 911 und direkt nach 1313 wieder.

So wie der letzte König vor dem System ein Ludwig IV. war (900-911), so ist auch ein Ludwig IV. der erste König nach dem System (1314-1347). Beide haben also den selben Namen und die selbe Nummerierung. Der Ludwig davor war der letzte König der Karolinger-Dynastie und der Ludwig danach der erste König der Dynastie der Wittelsbacher .

Beide Könige stammen zudem aus Oberbayern. Die offiziellen Geburtsorte München und Altötting liegen nur 90 Kilometer auseinander. Der letzte karolingische Ostfrankenkönig Ludwig IV., genannt "das Kind", starb bereits im Alter von ca. 17 Jahren. Sein Todesort ist unbekannt. Der Wittelsbacher Ludwig IV. starb ca. 25 km westlich von München. 403 Jahre nach dem Tod des letzten Königs Ludwig IV. vor dem System im Jahre 911 beginnt also König Ludwig IV. nach dem System im Jahre 1314 seine Herrschaft.

Übrigens hieß auch der erste König des Ostfrankenreiches nach der Teilung von Verdun 843 Ludwig, Ludwig II. (Ludovicus II "Germanicus"), der sich selbst "König der Bayern" nannte. Bei der Teilung von Verdun 843 erhielten Ludwig II. das Ostfrankenreich, Karl II. (der Kahle) das Westfrankenreich und Lothar I. das Mittelreich, das von der Nordsee bis Italien reichte. Die Position Ludwigs im System der Könige des Hochmittelalters haben wir oben gesehen. Lothar war die einzige Ausnahme, genau in der Mitte zwischen dem 1. und 2. sowie dem 3. und 4. Abschnitt. Und Karl werden wir noch im System der Könige Frankreichs wieder begegnen, wo er dieselbe Rolle spielt wie Ludwig im System der römisch-deutschen Könige, nämlich direkt davor und direkt danach, aber nicht innerhalb.

Dabei werden wir auch Permutationen der 113 und der 339 begegnen, denn das französische System von 929-1322 umfasst 393 Jahre und ist in deutlich voneinander abgegrenzte Abschnitte von 131 und 2 x 131 Jahre unterteilt. 13, 31 und 113 sind übrigens sogenannte

"Mirp"-Zahlen. Dies sind Primzahlen, die vorwärts und rückwärts gelesen (unterschiedliche) Primzahlen sind. Die 131 ist natürlich auch von vorne und hinten gelesen eine Primzahl, aber jeweils dieselbe, weswegen sie nach heutiger Definition nicht als Mirp-Zahl gilt. Sowohl das deutsche als auch das französische System der Königsnamen im Hochmittelalter beginnen darüber hinaus auch noch mit Jahreszahlen, die Primzahlen sind, in den Jahren 911 und 929. Die 929 ist dazu noch ein sogenanntes Primzahlpalindrom (von vorne und hinten gelesen dieselbe Primzahl), genau wie die 131. Es folgen ja in Frankreich auf das Jahr 929 3 x 131 wohlstrukturierte Jahre.

Primzahlen, und erst recht Primzahlpalindrome und Mirpzahlen, sind unter den Zahlen recht selten und zudem noch völlig unregelmäßig verteilt. Eine "natürliche" Entstehung dieses gehäuften Auftretens im Zusammenhang mit den entdeckten Systemen der Namen der Könige ist daher praktisch unmöglich. Dies ist daher ein weiterer deutlicher Hinweis auf eine Konstruktion dieser Jahreszahlen, und der damit verbundenen Chronologie und Geschichte.

Abb. 19: Das Frankenreich (Western Empire) und die Teilung von Verdun 843 (Lewis = Ludwig, Charles = Karl), Ludwig erhält das Ostfrankenreich, Karl das Westfrankenreich, und Lothar das Mittelreich. Aus dem Westfrankenreich ging dann später Frankreich hervor,. Aus dem Ostfrankenreich entstand später das Heilige Römische Reich und Deutschland. Das Mittelreich wurde schon bald zwischen West und Ost aufgeteilt und Teile davon waren bis ins 20. Jahrhundert hinein umstritten.

Hier wird also in drei Fällen dieselbe Identität von räumlichen und zeitlichen Idealvorstellungen sichtbar wie in den Beispielen des 1. Kapitels (Tabelle 1).

1) Lothar I. erhält bei der Teilung von Verdun das Mittelreich (räumlich), ebenso wie Lothar III. zeitlich in der Mitte des Systems der Königsnamen angeordnet ist. Die ideale Einordnung in der Mitte ist aus den Abbildungen 1 und 3 bekannt, die Erde im Mittelpunkt des Universums und Jerusalem im Mittelpunkt der (Oberfläche der) Erde und damit auch der gesamten Welt. Jesus Christus als Religionsstifter und Erlöser befindet sich in der Mitte der Zeit.

2) Die räumliche Einordnung eines Königs mit Namen Ludwig ist gleich zweifach sichtbar. Zum einen erhält Ludwig II. bei der Teilung von Verdun das Ostfrankenreich, aus dem später das Heilige Römische Reich hervorging. Zum anderen ist Ludwig IV. dem System der Königsnamen von 911-1313 im Heiligen Römischen Reich direkt vor- und nachgeordnet. Letzteres entspricht auch der zeitlichen Dimension.

3) Ebenso ist es bei Königen mit Namen Karl. Karl II. erhält das Westfrankenreich, aus dem später Frankreich hervorgeht, bei der Teilung von Verdun. Karl III. und Karl IV. sind direkt vor und nach dem französischen System der Königsnamen von 929-1322 angeordnet. Dies entspricht sowohl der räumlichen als auch der zeitlichen Dimension.

Aufmerksamen Lesern wird aufgefallen sein, dass zwar die Könige Lothar I. und Lothar III. erwähnt werden, die auch beide Kaiser waren, aber kein Lothar II. Es handelt sich um den italienischen König Lothar (928-950), der früher als Kaiser Lothar II. geführt wurde, heute aber nicht mehr. Die Nummerierung ist aber gleichwohl geblieben. Lothar I. und Lothar III. waren übrigens beide "nebenbei" auch Könige von Italien. In einem der ersten Entwürfe zur Chronologie der römischen Kaiser, durchgehend von der Antike bis ins Mittelalter des römisch-deutschen Reiches, der Kaiserliste von Otto von Freising (1112-1158) ("Chronica sive Historia de duabus civitatibus"), wird Kaiser Lothar II. noch als solcher geführt.

Eine klare Konstruktion im Stile einer Verdopplung stellt auch die Geschichte der beiden fränkischen Könige Karl, das Kind, und Ludwig, das Kind, dar. Dem oben beschriebenen Prinzip folgend regierte Karl, das Kind (um 847/849-866), im Westfrankenreich (König von Aquitanien), und Ludwig, das Kind (893-911), im Ostfrankenreich. Beide werden mit ca. 18 Jahren praktisch genauso alt und sind beide genau 11 Jahre lang König, 855-866 und 900-911. Irgendeine geschichtliche Bedeutung haben sie beide nicht.

Interessant ist weiterhin, dass weder der Name Konrad noch der Name Heinrich vor 911 oder nach 1313 als ostfränkische oder römisch-deutsche Königsnamen auftauchen – genau im Gegensatz zum Namen Karl, bei dem es genau umgekehrt ist (siehe voriges Kapitel). Dies ist also ein weiteres Muster des römisch-deutschen Mittelalters von 911-1313.

Abb. 20: Die Kaiserkrönung des letzten deutschen Königs mit Namen Hainrich durch drei Kardinäle im Jahre 1312 (Handschrift von Balduin von Luxemburg aus dem 14. Jahrhundert)

Insgesamt sind es also vier Muster, die perfekt aufeinander abgestimmt sind:

1) das Namensmuster
   Konrad => Heinrich => x Könige => Heinrich, das sich viermal wiederholt (wie oben beschrieben),

2) das Muster mit den 113-Jahres-Abständen zwischen Konrad I., Konrad II., Konrad III. und (mit Einschränkungen) Konrad IV., wobei diese Konrads auch immer den Konrads nach Namensmuster entsprechen,

3) das Muster mit der Einordnung der drei vorherrschenden Dynastien (und damit der Stammesherzogtümer) in diese 113-Jahres-Abschnitte zwischen den Konrads,

4) das Muster der Verteilung der Königsnamen Konrad und Heinrich (nur zwischen 911-1313) sowie Ludwig und Karl (nur vor und nach 911-1313).

Königsname	Strukturierung des Raumes	Strukturierung der Zeit
Ludwig	1) Ludwig II. erhält bei der Teilung des Frankenreiches 843 das Ostfrankenreich 2) König Ludwig, das Kind, (18 Jahre), 11 Jahre König im Ostfrankenreich 3) 2 x Ludwig IV. als König des Ostfrankenreiches / HRR	2 x Ludwig IV. im HRR vor und nach 911-1313, aber nicht innerhalb (403 Jahre = 31 Könige mit 13 verschiedenen Namen, gekrönt: 3 x 113 Jahre [+ 64])
Karl	1) Karl II. erhält bei der Teilung des Frankenreiches 843 das Westfrankenreich 2) König Karl, das Kind, (18 Jahre), 11 Jahre König im Westfrankenreich 3) Karl III./IV. als König des Westfrankenreiches / von Frankreich	Karl III./IV. in Frankreich vor und nach 929-1322, aber nicht innerhalb (3 x 131 Jahre)
Lothar (auch "Luther" geschrieben)	Lothar I. erhält bei der Teilung des Frankenreiches 843 das Mittelreich mit Rom	Lothar III. in der Mitte des Systems der Königsnamen von 911-1313 im HRR
Konrad und Heinrich	15 x im HRR, aber mit Ausnahme von Heinrich I. (1031-1060) nicht in Frankreich	Nur in der Zeit von 911-1313, aber weder davor noch danach

Tabelle 4: Die Strukturierung von Raum und Zeit in der Geschichte des Frankenreiches und seiner Nachfolgereiche

Im Jahre 1313 stirbt der erste Kaiser des erst seit 1254 so genannten Heiligen Römischen Reiches, der 1312 in Rom gekrönt wurde, der französischsprachige Luxemburger Heinrich VII. (bereits ab 1308 König), der selbst Vasall des französischen Königs ist. Allerdings wird er nicht vom französischen Papst gekrönt – der saß zu dieser Zeit noch in Avignon und schickte ein paar Kardinäle. Seine Kaiserkrönung sollte angeblich auf den Tag genau 350 Jahre nach der Kaiserkrönung Ottos des Großen stattfinden. Nur spielten die Italiener angeblich wieder einmal nicht mit, und es wurde etwas später.

Von einem "Heiligen Römischen Reich" ist ja in den Quellen erst seit 1254 die Rede, nach den Staufern, seit dem Interregnum. Also, nachdem die Kreuzfahrer dem Römischen Reich von Konstantinopel (Byzanz) den Todesstoß versetzt hatten. Vor 1254 ist bekanntermaßen nach Quellenlage "Heiliges Reich" (Sacrum Imperium) für den Herrschaftsbereich der Herrscher, die in der heutigen offiziellen Geschichte das glorreiche deutsche Hochmittelalter verkörpern, überliefert, und zwar seit 1157. Der Begriff "Imperium" wird hier heute geografisch interpretiert, und nicht z.B. funktional.

Mit dem ersten König nach dem System, Ludwig IV., ist dann die Beteiligung des Papstes an der Kaiserkrönung in Rom erst einmal vergessen. Ludwig wird 1328 vom römischen Senat zum Augustus (Kaiser) erhoben, wie die römischen Kaiser der Antike, und ohne jegliche päpstliche Beteiligung, nicht einmal aus Avignon, dem damaligen Papstsitz. Quellen berichten, ein paar Monate später hätte Ludwig dann selbst einen Gegenpapst in Rom eingesetzt und sich noch einmal von diesem haben krönen lassen. Die Beteiligung des rechtmäßigen Papstes an der Kaiserkrönung wird dann sein Nachfolger Karl IV. 1355 zum zweiten Male in der Geschichte nach Karl dem Großen (800) neu einführen - allerdings zunächst noch ohne persönliche Anwesenheit des Papstes in Rom. Der residiert nämlich zu dieser Zeit immer noch in Avignon.

Abb. 21: Ludwig IV. (1314-1346) in der Weltchronik von Hart-mann Schedel (1493)

Es sei jetzt schon erwähnt, dass es außer den römisch-deutschen Herrschern einen weiteren König mit Namen Karl gibt, der nach offizieller Geschichte in Rom vom Papst gekrönt wurde. Dies ist Karl I. von Anjou, den der Papst 1266 zum König von Sizilien krönt, und der damit Nachfolger des Staufers Friedrich II. in Süditalien wird. Karl I. von Anjou wurde bereits im ersten Kapitel dieses Buches erwähnt, da er der erste französischstämmige König mit Namen Karl nach dem Ende der Karolinger-Dynastie ist. Die Krönung in Rom durch den Papst findet 466 Jahre nach Karl dem Großen im Jahre 800 statt.

Nach Karl I. von Anjou wird laut offizieller Geschichte der römisch-deutsche König Sigismund I. im Jahre 1433 der nächste König sein, der in Rom vom Papst gekrönt wird, und zwar zum Kaiser. Der ihm nachfolgende Friedrich III. ist dann 1452 auch schon der letzte. Die Kaiser nach ihm werden auf den Papst völlig verzichten – nur Karl V. lässt sich 1530 vom Papst noch einmal in Bologna nachkrönen, obwohl er zu diesem Zeitpunkt den Kaisertitel schon trug.

Eine Berechnung der Wahrscheinlichkeit für das System von 911-1313

Prinzipiell gibt es drei Möglichkeiten, wie eine solche Struktur entstanden sein kann:

1) Die Herrscher des Mittelalters benannten ihre Nachfolger gezielt so, dass ein solches Muster entsteht, und/oder änderten ihre Namen nach Thronbesteigung gezielt dahingehend. Dabei achteten sie auch immer darauf, dass alle 113 Jahre ein König Konrad an die Macht kommt, der aus einer neuen Dynastie stammen musste, die dann auch nicht länger als 113 Jahre herrschen durfte. Außerdem passten sie auf, dass es genau 13 verschiedene Namen in diesen 403 Jahren gibt und genau 31 Könige, damit die schöne Rechnung 31 x 13 = 403 aufgeht. Dabei durfte vor 911 und nach 1313 keiner mit Na-

men Konrad oder Heinrich und zwischen 911-1313 keiner mit Namen Ludwig oder Karl König werden.

2) Es hat sich zufälligerweise so ergeben.

3) Nachträglich, also frühestens ab dem 14. Jahrhundert, wurde die Geschichte dieser Zeit (um)geschrieben, wobei das Weltbild dieser Zeit (siehe Kapitel 1) einen Einfluss darauf hatte, wie die Geschichte strukturiert wurde.

Die erste Variante kann man ausschließen, da es keinerlei Möglichkeit gab, die wohlstrukturierte Abfolge der Namen derartig zu erzeugen. Darauf, dass die römisch-deutschen Könige ihren Namen bei Amtsantritt geändert hätten, wie etwa die Päpste, fehlt jeglicher Hinweis. Die Personen, die später König wurden, hatten auch schon vorher dieselben Namen in den Überlieferungen. Weiterhin fehlte den Herrschern die Möglichkeit, die Abfolge und die Dauer der Dynastien selbst festzulegen. Auch hatten sie in den meisten Fällen keine Möglichkeit, den Namen ihres Nachfolgers zu bestimmen. Das ostfränkische und später römisch-deutsche Königtum war keine Erbmonarchie, sondern die Könige wurden von den Fürsten des Reiches gewählt.

Leitnamen der herrschenden Dynastien scheiden als Erklärungsmöglichkeit von vornherein aus, da man dann voraussetzen müsste, dass alle Dynastien die gleichen Leitnamen Konrad und Heinrich gehabt hätten. Als Leitnamen gelten solche Namen, die in einer Dynastie aufgrund von Vorbildern (z.B. Dynastiegründer, siehe z.B. S. 34 ff. zu Großbritannien) bevorzugt vergeben werden und daher in diesen Dynastien häufig vorkommen. Das geschah dadurch, dass häufig der Erstgeborene (einen von) diesen Leitnamen erhielt und bei dessen zu frühem Tod oftmals später Geborene noch einmal gleich benannt wurden.

Jedoch waren lediglich bei den Konradinern (Konrad I.) und bei den Liudolfingern, später auch Ottonen genannt (Heinrich I.-Heinrich II.), jeweils die Namen Konrad und Heinrich einer von mehreren Leitnamen der Dynastien. Die Liudolfinger hatten neben Heinrich z.B. auch die Leitnamen Liudolf, Otto und Brun.

Bei den Saliern (ab Konrad II., 113 Jahre nach Konrad I.) und den Staufern (ab Konrad III., 113 Jahre nach Konrad II.) waren Konrad und Heinrich keine Leitnamen. Bei den Saliern war der typische Leitname Werner. Erst nachdem die Salier die Könige stellten, wurden auch bei ihnen die bisherigen Königsnamen Konrad und Heinrich häufiger vergeben (siehe dazu auch das Kapitel zur "Namenswahl im Mittelalter"). Aber zu diesem Zeitpunkt gab es bereits zwei Salierkönige mit Namen Konrad und Heinrich am Anfang. Die Staufer hatten den Namen Friedrich als dominanten Leitnamen, woran sich auch nichts änderte, als sie ab Konrad III. führend im Reich wurden. Trotzdem passen selbst bei ihnen die Konrads und Heinrichs zu Beginn und Ende des Namensmusters.

Nur ergänzend sei erwähnt, dass bei den anderen Adelsgeschlechtern, die in der Zeit von 911-1313 Könige stellten, die Namen Konrad und Heinrich auch keine Leitnamen waren.

Abb. 22: Die sieben Kurfürsten, die den römisch-deutschen König wählen, sind drei geistliche und vier weltliche Fürsten. Es sind die Erzbischöfe von Köln, Mainz und Trier, der Pfalzgraf bei Rhein, der Herzog von Sachsen, der Markgraf von Brandenburg und der König von Böhmen (Handschrift aus dem 14. Jahrhundert).

Allerdings gibt es erst ab Mitte des 13. Jahrhunderts das in der Abbildung zu se-
hende Wahlgremium der sieben Kurfürsten, das auch in den nachfolgenden Jahrhunderten so bestehen bleibt. Und erst 1356 wurde das Wahlverfahren in der Goldenen Bulle von Kaiser Karl IV. schriftlich festgelegt. Wie aber die Königswahl bis
zum Ende des 12. Jahrhunderts genau geschah, liegt weitgehend im Dunkeln.

Es bleiben also die Varianten 2 und 3 übrig – Zufall oder nachträgli-
ches (Um-)Schreiben der Geschichte. Um hier eine Klärung herbeizu-
führen ist es naheliegend, die Wahrscheinlichkeit dafür zu berech-
nen, dass eine solche Struktur überhaupt auf "natürlichem" Wege
entstehen sein kann.

Konkret heißt das: Wie wahrscheinlich ist es, dass sich eine solche
Strukturierung ergeben kann, bei einer gegebenen Anzahl von Königen und einem gegebenen Vorrat an Namen?

Ist die Entstehung extrem unwahrscheinlich, so wäre praktisch nachgewiesen, dass hier eine Manipulation vorliegt.

Einige Eigenschaften des beschriebenen Systems lassen sich recht
einfach formalisieren, so dass zumindest dafür eine Wahrscheinlichkeit konkret berechnet werden kann. Dafür sind Schulkenntnisse
ausreichend.

Kürzt man den Namen Konrad mit "K", und den Namen Heinrich
mit "H" ab, so erhalten wir folgende kompakte Darstellung des Systems (die einzige Ausnahme Lothar III. genau in der Mitte wird hier
außen vor gelassen):

911

1) KH(3)H

2) KH(4)H

3) KH(5)H

4) KH(6)H

1313

Der leichteren Verständlichkeit wegen wird auf eine Gewichtung
der einzelnen Namen verzichtet. Es werden nur drei Gruppen gebildet, wobei sich bei einer genauen Gewichtung die Größenordnung
des Ergebnisses nicht verändert:

K – Konrad (insgesamt 5mal)

H – Heinrich (insgesamt 10mal)

A – Alle anderen Namen außer Lothar (insgesamt 15mal)

Je Abschnitt gibt es drei Positionen, die jeweils von einer der drei Namensgruppen belegt werden können. Insgesamt gibt es daher $3^3 = 27$ Möglichkeiten je Abschnitt, z.B.: KK()K, HA()K, AH()H usw.

Die Wahrscheinlichkeit dafür, dass sich ein gegebenes beliebiges Muster des 1. Abschnitts im 2. Abschnitt wiederholt (d.h. zufällig genauso ist), ist:

$1 : 3^3 = 1 : 27$.

Die Wahrscheinlichkeit, dass sich ein gegebenes beliebiges Muster des 1. Abschnitts sowohl im 2., 3. als auch im 4. Abschnitt genauso wiederholt ist somit

$1 : 3^3 \times 3^3 \times 3^3 = 1 : 19683$

Also ca. 1 : 20000, d.h. 0.005 %.

Da es darüber hinaus noch weitere Regelmäßigkeiten gibt, verringert sich die Wahrscheinlichkeit noch wesentlich weiter.

Wir stellen also fest:

1) Die Struktur ist allgemeingültig im definierten Gültigkeitsbereich.

2) Sie ist allgemein nachvollziehbar. Ein Beweis ist trivial und besteht im Nachschlagen der nach dem Muster folgenden Königsnamen in der Fachliteratur.

3) Es ist allgemeingültig definiert, welche Namen eine Ausnahme darstellen: alle Könige mit Namen Lothar, der auch noch exakt in der Mitte des Systems angeordnet ist !

Was nicht 100%ig bewiesen ist und auch niemals 100%ig bewiesen werden kann, ebenso wenig wie die jetzige offizielle Abfolge der Könige, ist die Erfindung der Struktur und somit eine absichtliche Abweichung der Geschichtsschreibung vom tatsächlichen Verlauf der Geschichte.

Hier kommt nun die Wahrscheinlichkeitsrechnung ins Spiel. Die Wahrscheinlichkeit dafür, dass die Abfolge der Namen der Könige des Ostfranken- und Römisch-Deutschen Reiches von 911-1313 so war wie laut offizieller Geschichte, liegt weit unter 0.005 %. Über 99,995 % dagegen ist ein gewichtiges Argument.

Das, was wir heute als unmöglichen Zufall und daher erfunden ansehen, wäre früher gar nicht erkannt oder allenfalls als Beweis einer göttlichen Ordnung angesehen worden. Dazu gehört ein neuer Begriff der Wahrscheinlichkeit, der im 17. Jahrhundert entstand. Aristoteles sagte noch sinngemäß: Der Zufall entzieht sich grundsätzlich der menschlichen Erkenntnis und der Wissenschaft.

In den folgenden Abschnitten werden wir sehen, dass in allen anderen mittelalterlichen Reichen Europas, die bis in die Renaissancezeit existierten, die Abfolge der Namen der Herrscher ebenfalls einer klaren Struktur folgen. In der Summe sind daher die Indizien erdrückend und kommen einem Beweis gleich.

Gibt es ein Gegenargument?

Der Einwand, eine Reihe von Quellen aus dem Mittelalter würde ja doch beweisen, dass die Reihenfolge der Könige so war, wie es die offizielle Geschichte lehrt, erweist sich bei näherer Prüfung als typisches Argument geschlossener Systeme nach Popper [...], demnach letzten Endes als logischer Fehlschluss. Denn mit diesem Argument könnte auch z.B. ein an den Wortlaut der Bibel Glaubender die Schöpfung der Welt in sechs Tagen vor weniger als 10000 Jahren "beweisen". Als einziges Argument reicht dem Gläubigen die Quelle für die Schöpfung der Welt, der entsprechende Bericht in der Bibel. Alle Gegenargumente wird er mit der Behauptung "widerlegen", dass die Quellen dagegen sprechen.

Dogmatiker unter den Historikern verfahren nach demselben Schema. Sie stehen auf den Standpunkt, die Quellen der Antike und des Mittelalters wären alle echt, so lange nicht für jede einzelne von ihnen nachgewiesen ist, dass sie falsch ist. Diese Auffassung ist aber nicht nur eine unzulässige Übertragung heutiger Ansichten zur Geschichtsschreibung in einem kleinen Teil der Welt (Anspruch auf Objektivität) auf vergangene Zeiten, sondern auch angesichts des jetzt schon bekannten Umfangs an Fälschungen vollkommen naiv. Z.B.

1) fand 1986 ein Internationaler Kongreß der "Monumenta Germaniae Historica" (Deutsches Institut für Erforschung des Mittelalters) zum Thema "Fälschungen im Mittelalter" statt. Veröffentlicht wurden sechs Bände mit Kongressbeiträgen im Umfang von ca. 4000 Seiten.

2) Die überlieferten Urkunden aus der Merowingerzeit (5.-8.Jh.) sind jetzt schon zu zwei Dritteln als Fälschungen erkannt [BdW 2001].

3) H. C. Faußner (Professor der Rechtsgeschichte an der Universität Innsbruck) hat nachgewiesen, dass aus rechtshistorischer Sicht nahezu alle Königsurkunden vor 1122 (Wormser Konkordat) Fälschungen sein müssen [Faußner 2003]. usw.

Die sogenannte Quellenkritik, die sich der Überprüfung der überlieferten Quellen widmet, ist nicht in der Lage, eine sehr gute Fälschung von einer echten Quelle zu unterscheiden.

Abgesehen von der Fälschungsproblematik gibt es einen weiteren wichtigen Aspekt für die Geschichte des Mittelalters und der Antike, den F.-J. Schmale wie folgt beschreibt:

"Dabei sei auf eine Problematik, die leicht übersehen wird, aber stets besteht, hier nur beiläufig hingewiesen: wie denn, selbst nach Anwendung der Quellenkritik, vermittels und aufgrund sprachlicher Aussagen sichere und korrekte Auffassung der eigentlichen historischen Tatsachen überhaupt möglich ist und zumal dann, wenn man von diesen Tatsachen nur in einer einzigen Aussage erfährt?"

[Schmale 1985, S. 4]

Berücksichtigt man das vollkommen andere Weltbild in Antike, Mittelalter und Früher Neuzeit, um das vorhandene Wissen zu strukturieren und Unbekanntes zu erschließen (siehe "Geschichte nach geometrischer Methode"), so wird die damalige Darstellung der Geschichte in Raum und Zeit für uns erklärbar.

Unter Berücksichtigung der in diesem Buch präsentierten Ergebnisse muss daher unser heutiges Geschichtsbild des Mittelalters und der Antike grundlegend überarbeitet werden.

Die Erweiterung des Wohlstrukturierten Mittelalters auf 768 bis 1493 und darüber hinaus

Die formale Struktur von 911 bis 1313

Die Struktur des analysierten Systems der Königsnamen von 911-1313 in ostfränkischen und römisch-deutschen Landen, das sich viermal wiederholt, sieht also konkret wie folgt aus:

a) Konrad

b) Heinrich

c) Liste beliebiger Namen der Länge x, wobei x+1 die Länge des nachfolgenden Abschnitts ist, mit x1=3. Dies ist also eine rekursive Definition mit x2=4, x3=5 und x4=6.

d) Heinrich

Wir hatten dieses System oben ja so dargestellt:

$$911 \Rightarrow KH(3)H \Rightarrow KH(4)H \Rightarrow KH(5)H \Rightarrow KH(6)H \Rightarrow 1313$$

Das schreit ja förmlich nach nach einer Erweiterung um 2 und 1 bei den Königen des mittleren Teils in die Vergangenheit, und um 7 in die Zukunft. Wir werden also überprüfen, ob sich mit diesem erkannten Muster, dieser Gesetzmäßigkeit, Vorhersagen für andere davor und danach liegende Zeiträume machen lassen können, die auch zutreffen.

Dazu ist eine weitere Abstraktion nötig. Da es außerhalb von 911-1313 keine Könige mit Namen Konrad oder Heinrich mehr gibt, wird die Eigenschaft Heinrichs wichtig, immer der jeweils zweite und der jeweils letzte Name eines in seiner Länge genau definierten Abschnitts zu sein. Die Funktion der Namen Konrad und Heinrich übernehmen also andere Namen.

Die Erweiterung in die Zukunft bis 1493

Nach dem letzten König des 4. Abschnitts (Heinrich VII., 1313) ist der erste König Ludwig IV., der den bisherigen Part des Konrad übernimmt. Zweiter gewählter und gekrönter König ist Friedrich der Schöne (Gegenkönig). Da der 4. Abschnitt insgesamt 9 Könige umfasste (davon 6 im Mittelteil), muss der 5. Abschnitt 10 Könige umfassen (davon 7 im Mittelteil). Die Reihenfolge der 10 Könige nach 1313 ist wie folgt:

Ludwig IV.
Friedrich der Schöne
Karl IV.
Günther von Schwarzburg
Wenzel von Luxemburg
Ruprecht von der Pfalz
Jobst von Mähren
Sigismund
Albrecht II
Friedrich III.

Der 10. und letzte König hat dann auch tatsächlich den Namen Friedrich, Friedrich III. Somit ist das System bis 1493, dem Jahr seines Todes, erweitert worden. Es gibt auch wieder vier Kaiser unter den Königen (Ludwig IV., Karl IV., Sigismund und Friedrich III.), so wie auch im ersten, zweiten und dritten Teil, in der Zeit von 911-1250.

Die Erweiterung in die Vergangenheit bis 768

Im Jahre 911, dem bisherigen Beginn des Systems, starb der andere Ludwig IV., vor Konrad I. Der Name Ludwig übernimmt also vor 911 die Rolle des Heinrichs danach. Da der Abschnitt mit Konrad I. bis Heinrich II. 6 Könige umfasste (davon 3 im Mittelteil), muss der Abschnitt davor 5 umfassen (davon 2 im Mittelteil). Und wir sehen:

68

Karlmann (ab 876 König)
Ludwig III.
Karl III. der Dicke
Arnulf von Kärnten
Ludwig IV.

Und tatsächlich, der Name Ludwig taucht wieder als zweiter Name des 5 Namen umfassenden Abschnittes von 876-911 auf, mit dem Namen Karl als erster Position anstelle des Konrad.

Geht man noch einen Schritt weiter zurück (Abschnitt mit insgesamt 4 Königen, davon 1 im Mittelteil), so muss man Folgendes beachten: Da der Herrschaftsbereich von fränkischen Königen (rex) außer Karl dem Großen vor der Teilung des Reiches 843 (Vertrag von Verdun) regional begrenzt war, muss die Person genommen werden, die Herrscher des Gesamtreiches war. Das war in dieser Zeit der Kaiser (imperator). Da die späteren ostfränkischen und römisch-deutschen Könige, auch die Gegenkönige, immer Herrscher des Gesamtreiches waren (jedenfalls dem Anspruch nach), ist das die einzig sinnvolle Vorgehensweise – sonst müsste man ja z.B. auch die Könige von Böhmen innerhalb des HRR mitzählen. Wir sehen also:

Karl I., der Große	(ab 768 König, ab 800 Kaiser)
Ludwig I.	(ab 813/14 Kaiser)
Lothar I.	(ab 817/40 Kaiser)
Ludwig II., "der Deutsche"	(ab 843 König des Ostfränkischen Reiches)

Auch hier ist wieder der Name Karl der erste, und der Name Ludwig der zweite und letzte des in der Länge genau definierten Abschnitts.

Die Gesamtstruktur des Systems von Karl Martell bis zu Karl V.

Das gesamte bisher beschriebene System mit insgesamt 7 Abschnitten beginnt also im Jahre 768 (Karl der Große wird König), und endet 1493 (Friedrich III. stirbt).

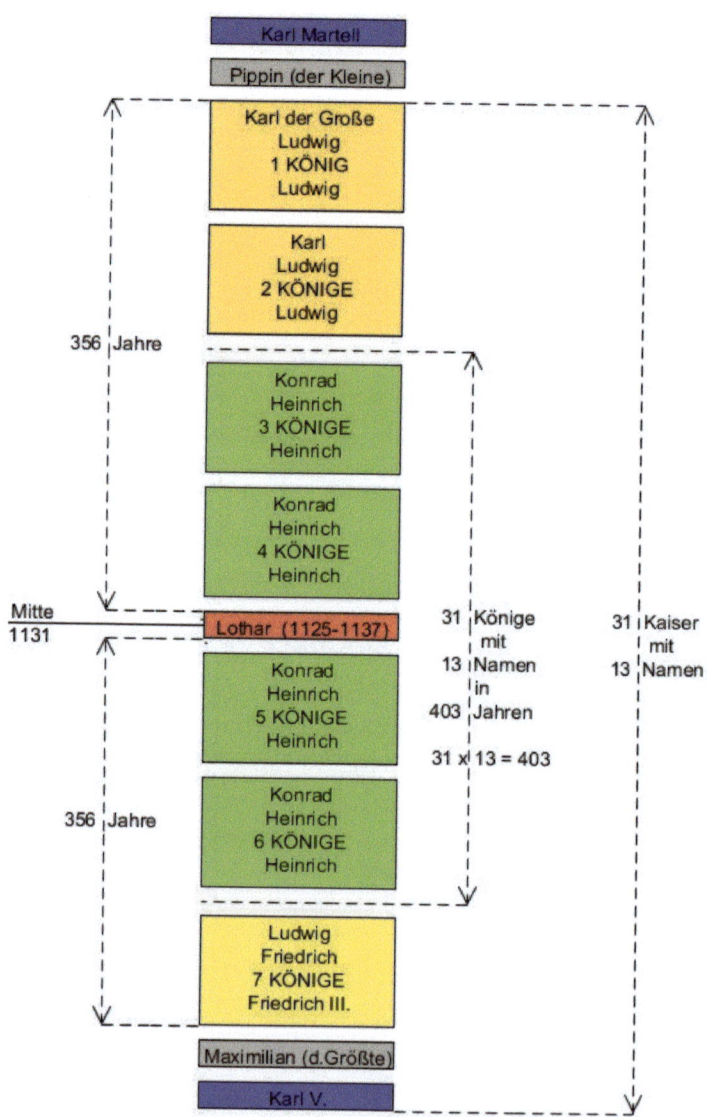

Grafik 3: Das gesamte System von Karl Martell bis Karl V.

Kurz eine Bemerkung zu den "Karlmanns" vor der Reichsteilung 843. Es gibt jeweils einen Karlmann als Bruder von Pippin dem Kleinen, dem Vater Karls des Großen, und einen Karlmann als Bruder des großen Karl. Karlmann, der Bruder von Pippin dem Kleinen, wurde zum selben Zeitpunkt nach dem Tode Karl Martells Hausmeier und damit Herrscher wie sein Bruder (741 - da gab es keine Könige). Er wurde aber nie Herrscher des Gesamtreiches. Und auch Karlmann, der Bruder von Karl dem Großen, wurde am selben Tag wie Karl der Große zum König gesalbt (754), und übernahm nach dem Tode Pippins (768) zum selben Zeitpunkt wie Karl der Große die tatsächliche Herrschaft über ein Teilreich. Und auch er wurde nie Herrscher des Gesamtreiches wie sein Bruder. Auch Karl der Große hat einen Sohn namens Karlmann in Italien. Dieser wird später unter dem Namen Pippin König von Italien. Wir lassen daher die seltsamen Brüder Karls des Großen und Pippins des Kleinen namens "Karlmann" außen vor.

Beginnend von der Krönung Karls des Großen, 768, sind es 357 Jahre bis Lothar III. 1125 König wird. Er stirbt im Jahre 1137, 356 Jahre vor dem Tod des letzten Königs des Systems, Friedrich III. im Jahre 1493. Somit wurde die einzige Ausnahme exakt in der Mitte platziert.

Vor Karl dem Großen (768) herrschte im Frankenreich sein Vater Pippin der Kleine, davor war faktisch seit 717 Karl Martell als "dux et princeps Francorum" der politische Führer des Landes. Karl Martell gilt als der 1. Karolinger.

Nach 1493 (Tod Friedrichs III.) herrschte im HRR Maximilian I. Der Name Maximilian(der Größte) ist ein Antonym zu Pippin dem Kleinen, der vor 768 König war. Nach diesem Gegensatz klein/groß kommt vor Pippin Karl Martell, der 1. Karolinger, und nach Maximilian Karl V. Es ist daher anzunehmen, dass das ganze System entweder frühestens während seiner Herrschaft (1520-1556) entworfen wurde, oder zumindest in wesentlichen Teilen erweitert wurde.

Die Geschlossenheit des Systems von 768-1493 zeigt sich daran, dass

1) Lothar III., die einzige Ausnahme, genau in der Mitte ange-ordnet ist, und dass

2) der erste und der letzte König, Karl der Große und Friedrich III., auch der erste und letzte König waren, die vom Papst in Rom zum Kaiser gekrönt wurden. Sie bedurften daher offen-sichtlich einer anderen Legitimation als die Herrscher der Antike und der Neuzeit.

Ein 8. Abschnitt bis 1740

Nach Friedrich III. hatten die römisch-deutschen Könige alle den Ti-tel "Erwählter Römischer Kaiser" (außer Ferdinand IV., der vorher starb), ohne Legitimation durch den Papst. Auch Karl V. trug diesen Titel bereits seit 10 Jahren, als er sich 1530 in Bologna noch einmal, als letzter römisch-deutscher Kaiser überhaupt, die Krone vom Papst aufsetzen ließ.

Zählte man also ab Maximilian I. nur die Kaiser, so würde sich fol-gender 8. Abschnitt nach dem beschriebenen System ergeben (gleich-sam ein Neubeginn nach den 7 Tagen der Schöpfung), der insgesamt 11 Herrscher umfassen muss, und dann bis zum Jahre 1740 reicht:

Maximilian I.
Karl V.
Ferdinand I., Maximilian II., Rudolf II., Matthias, Ferdinand II., Ferdinand III., Leopold I., Joseph I.
Karl VI. (bis 1740)

Abstrakte Beschreibung des gesamten Systems von Karl Martell bis Karl V.

Die Namen der Herrscher des (gesamten) Frankenreiches und ab 843 des Ostfrankenreiches und späteren Heiligen Römischen Reiches sind von 768-1493 nach folgendem Muster angeordnet:

a) X

b) Y

c) Liste beliebiger Namen der Länge x, wobei x+1 die Länge des nachfolgenden Abschnitts ist, mit x1=1. Dies ist also eine rekursive Definition mit x1=1, ..., x7=7.

d) Y

Dieses Muster wiederholt sich in dieser Zeit siebenmal.

Von 768 und 911 gilt:
X = Karl, Y = Ludwig.

Von 911-1313 gilt:
X = Konrad, Y= Heinrich.

Von 1314-1493 gilt:
X = Ludwig, Y= Friedrich.

Und so sieht´s dann aus:

Karl Martell (1. Karolinger)
Pippin (der Kleine)
....
XY(1)Y
XY(2)Y
XY(3)Y
XY(4)Y
XY(5)Y
XY(6)Y
XY(7)Y
....
Maximilian (der Größte)
Karl V.

Das wohlstrukturierte Mittelalter Frankreichs

Das System der Königsnamen

Die Geschichte der Könige Frankreichs des Hochmittelalters von 929 bis 1322 kann man in 3 Abschnitte zu je 131 Jahren unterteilen (3 x 131 = 393 Jahre). Dabei ist die Struktur des französischen Systems ist nicht ganz so deutlich ausgeprägt wie die des römisch-deutschen.

Was in Deutschland Ludwig IV. ist, also der Name des Königs, der direkt vor und nach dem System herrscht, ist in Frankreich offensichtlich Karl,m mit den Nummern III./IV. Der Beginn ist also im Jahre 929, dem Todesjahr des letzten Karl vor dem System, von König Karl III., dem Einfältigen. 393 Jahre später ist das Ende, im Jahre 1322. In diesem Jahr beginnt der erste Karl nach dem System, Karl IV., seine Herrschaft.

Abb. 23: Der erste König aus dem Hause Valois, Philipp VI. (1328-1350), in einer Handschrift aus dem 14. Jh.

Interessanterweise wird der Karolinger Karl III. genau 6 Jahre vor seinem Tod abgesetzt, und der Kapetinger Karl IV. wird genau 6 Jahre vor seinem Tod König. Und wie auch bei den römisch-deutschen Königen ist der erste König nach dem System zugleich auch der letzte seiner Dynastie. Nach Karl IV. folgt ab Philipp VI. das Haus Valois, ein Seitenzweig der Kapetinger, auf dem französischen Thron. Philipp VI. war Sohn des Dynastiegründers Karl I. von Valois und von Margarethe von Anjou, der Enkelin von Karl I. von Anjou.

Innerhalb der 393 Jahre sind die letzten zwei Abschnitte von zusammen 2 x 131 Jahren ab dem Jahre 1060 deutlich vom ersten 131-Jahres-Abschnitt getrennt. In Frankreich herrschen von 1060-1322 als Könige nur Philipps und Ludwigs, natürlich abwechselnd. Und wenn mal zwei Ludwigs nacheinander dran sind, folgen prompt auch zwei Philipps.

Einzige Ausnahme 1316: König Postumus (le Posthume). Er kam erst nach dem Tod seines Vaters zur Welt und starb nur wenige Tage nach seiner Geburt. Die Regentschaft für ihn führte Philipp V.

Dies ist also das französische System der Königsnamen:

Tod Karls III.	
Anno Domini 929	Rudolf v.Burgund Ludwig IV. Lothar Ludwig V. Hugo Capet Robert II. Hugo Heinrich I.
+ 131 Jahre (A.D. 1060)	Philipp I. Ludwig VI. Philipp Ludwig VII. Philipp II. Ludwig VIII. Ludwig IX. Philipp III. Philipp IV. Ludwig X. (Johann I. Postumus) Philipp V.
1322 (nach 3 x 131 Jahren)	Karl IV.

Tabelle 5: Das System der französischen Königsnamen 929-1322

In den letzten 2 x 131 Jahren gibt es von 1059-1316 Philipp-Ludwig-Paare mit identischen Amtszeiten:

- Philipp I. und Ludwig VII.: 49 Jahre
- Philipp II. und Ludwig IX.: 44 Jahre
- Philipp IV. und Ludwig VI. 29 Jahre

Auch die danach liegenden Philipp VI. und Ludwig XI. sind jeweils für die gleiche Zeit König, nämlich jeweils 22 Jahre. Nimmt man die Zeit bis 1515 dazu, als Ludwig XII. ohne Nachkommen stirbt und es nach ihm für lange Zeit keine Könige mit Namen Philipp und Ludwig gibt, dann stellt man folgende erstaunliche Tatsache fest:

Es gibt in diesen Jahren zwischen 1059-1515 insgesamt jeweils sieben Könige mit Namen Philipp und Ludwig. Sowohl alle Philipps zusammen als auch alle Ludwigs zusammen sind insgesamt jeweils genau 166 Jahre König, also in der Summe jeweils gleich lang. In dieser Zeit (ab 1316) gibt es außerdem auch Könige mit anderen Namen, und zwar auch sieben (Johann I.-II. und Karl IV.-VIII.). 73 (+/- 1) Jahre zuvor beginnt die Kapetinger-Dynastie und 73 (+/- 1) Jahre danach endet die Herrschaft des Hauses Valois, eines Nebenzweiges der Kapetinger, und die Bourbonen kommen an die Macht. Abstände von 73 Jahren werden wir noch gehäuft bei der Strukturierung der Merowingerzeit wiederfinden.

Interessant ist auch, dass man in Frankreich das Ende des sogenannten 100jährigen Krieges auf das Jahr 1453 festgelegt hat, also wiederum genau 131 Jahre nach 1322. Das ist deswegen bemerkenswert, da die Kampfhandlungen auch nach 1453 weitergingen, bis 1497.

1453 war natürlich auch der Fall von Konstantinopel und damit das Ende des Byzantinischen Reiches. In der frühneuzeitlichen Geschichtsauffassung (nach Fredegar) waren Franken und Türken Brudervölker, da sie ihre Herkunft aus Troja herleiteten. Beide gewannen nun 1453 einen langen Krieg gegen ihre stärksten Feinde: die Griechen (Byzantinisches Reich) und die Engländer (deren Geschichte der von Byzanz deutlich ähnelt).

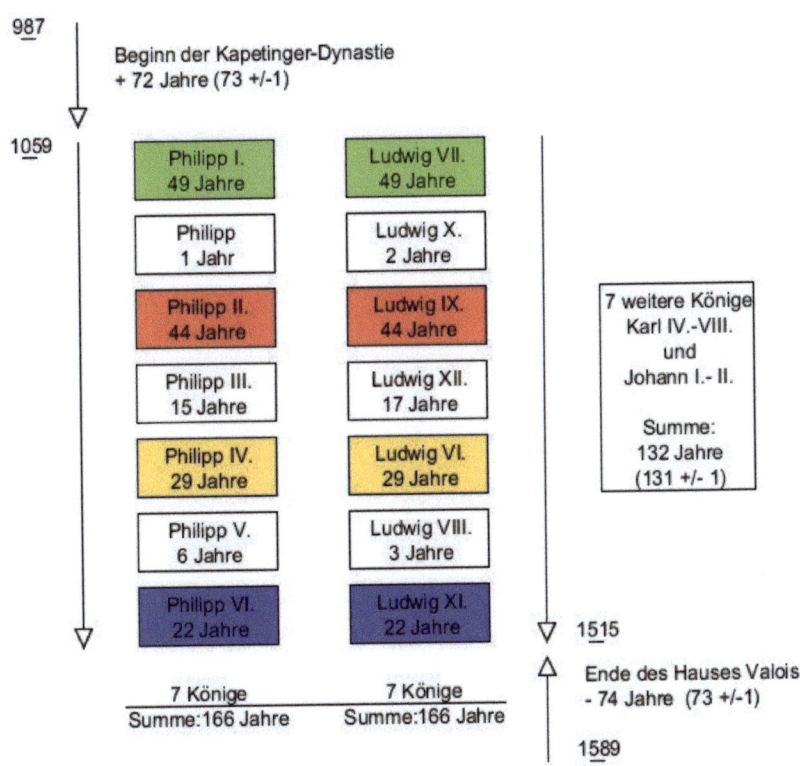

987 Beginn der Kapetinger-Dynastie
+ 72 Jahre (73 +/-1)

1059

Philipp I. 49 Jahre	Ludwig VII. 49 Jahre
Philipp 1 Jahr	Ludwig X. 2 Jahre
Philipp II. 44 Jahre	Ludwig IX. 44 Jahre
Philipp III. 15 Jahre	Ludwig XII. 17 Jahre
Philipp IV. 29 Jahre	Ludwig VI. 29 Jahre
Philipp V. 6 Jahre	Ludwig VIII. 3 Jahre
Philipp VI. 22 Jahre	Ludwig XI. 22 Jahre

7 Könige
Summe:166 Jahre

7 Könige
Summe:166 Jahre

7 weitere Könige
Karl IV.-VIII.
und
Johann I.- II.

Summe:
132 Jahre
(131 +/- 1)

1515

Ende des Hauses Valois
- 74 Jahre (73 +/-1)

1589

Grafik 4: Philipp-Ludwig-Paare 1059-1515

77

1316	Johann I.
Ende der 3 x 131 = 339 Jahre	Philipp V.
1322:	**Karl IV.**
	Philipp VI.
	Johann II.
	Karl V.
	Karl VI.
1453	**Karl VII.**
	Heinrich (VI. von England)
	Ludwig XI.
	Karl VIII.
1498 (700 Jahre nach 798)	Ende der direkten Linie des Hauses Valois
	Ludwig XII.
	Franz I. (völlig neuer Name und Beginn einer neuen Nebenlinie des Hauses Valois)

Tabelle 6: Die Strukturierung der Namen von 1316-1498

Die Königinnen von Frankreich im Hochmittelalter

Bei einem nicht konstruierten Ablauf der Geschichte wäre davon auszugehen, dass kein Zusammenhang zwischen den Namen der Königinnen und den Namen der Könige eines Landes besteht.

Die Wahl der zukünftigen Königin durch den König (oder dessen Eltern) geschah nach Quellenlage niemals unter dem Gesichtspunkt, dass es eine Dame mit einem bestimmten Namen sein muss. Die dynastische und regionale Herkunft der zukünftigen Königinnen ist zudem in Frankreich derartig unterschiedlich, dass darin auch keine Ursache für immer gleiche Namen gesehen werden kann.

D.h., es ist absolut unwahrscheinlich (im Klartext: unmöglich), dass bestimmte, wenige Namen von Königinnen über einen Zeitraum von Jahrhunderten hinweg gehäuft ausschließlich bei bestimmten Namen von Königen vorkommen, sonst aber nie.

Genau dies trifft aber für die Namen der Königinnen und Könige von Frankreich in der Zeit von 1060 bis 1322 zu.

Die Ehefrauen Philipps I. hießen 1. Bertha und 2. Bertrada. Bertha wird teilweise (nach offizieller Geschichte "irrtümlicherweise") auch als Bertrada bezeichnet.

Die Frauen aus 1. Ehe bei Philipp II. und Philipp III. hießen Elisabeth (Isabelle). Elisabeth (Isabelle) ähnelt sehr "Bertha" (heutige slawische Kurzformen z.B. "Beta"). Das paßt dann zu Philipp I.

Die Frauen aus letzter (3. bzw. 2.) Ehe bei Philipp II. und Philipp III. hießen Maria.

Die Frauen aus 1. Ehe bei Philipp IV., V. und VI. hießen Johanna, wobei nur Philipp VI. (König ab 1328, also nach 1322) danach noch eine weitere Ehe einging, mit einer Blanche.

Blanche ist das Stichwort für die Ludwigs.

Die Frauen aus letzter (2. bzw. 3.) Ehe bei Ludwig VI. und Ludwig VII. hießen Adelheid.

Die einzige Ehefrau von Ludwig VIII. hieß Blanche.

Auch der Name der 1. Ehefrau von Ludwig VI., Lucia, ist von der Bedeutung her ("die Leuchtende") identisch mit Blanche. Blanc/blanche kommt vom germanischen blank/blangkaz, was "leuchtend" bedeutet (nach offizieller Geschichte über den Umweg des spätlateinischen blancus).

Die Frauen aus 1. Ehe bei Ludwig IX., X. und XI. hießen Margarethe.

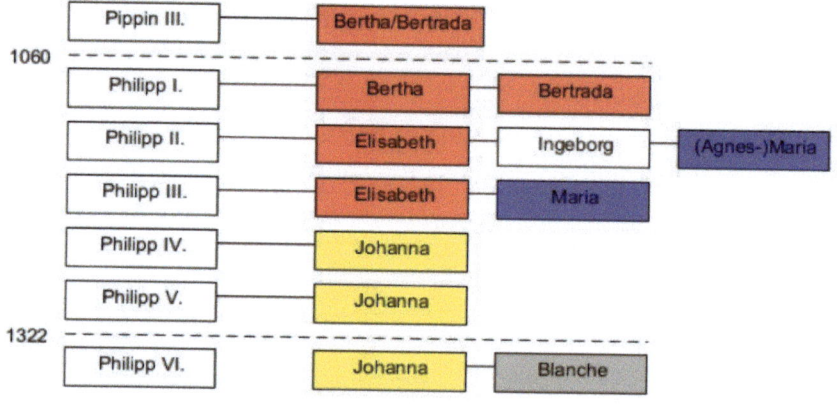

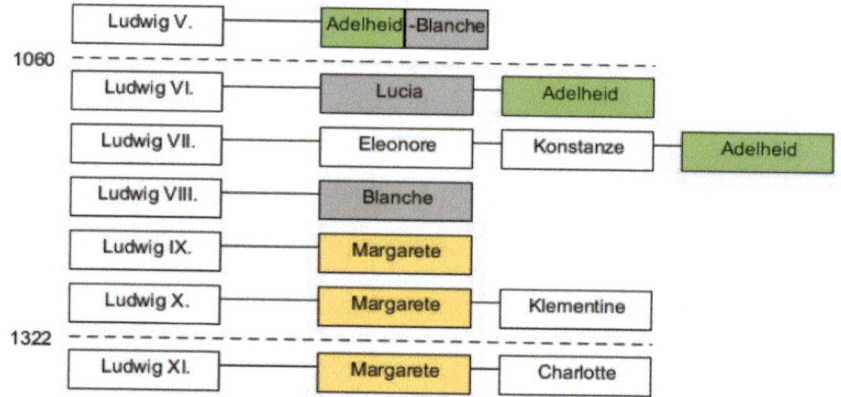

Grafik 5: Die verheirateten Könige und Königinnen Frankreichs im Hochmittelalter in den 2 x 131 Jahren von 1060-1322, geordnet nach den beiden Königsnamen dieser Zeit. Aufgeführt sind hier auch Pippin III. bei den Philipps und Ludwig V. bei den Ludwigs, aus Gründen, die sich aus dem folgenden Text ergeben.

80

Zusammenfassend: Die genannten Königinnen mit den Namen Bertha/ Bertrada/ Elisabeth, Maria und Johanna haben als Ehegatten nur Könige mit Namen Philipp. Und die genannten Königinnen mit den Namen Blanche/ Lucia, Adelheid und Margarethe haben als Ehegatten nur Könige mit Namen Ludwig. Sowohl drei Könige mit Namen Philipp nacheinander als auch drei Könige mit Namen Ludwig nacheinander haben zudem mit Johanna und Margarete drei Königinnen mit identischen Namen. Darüber hinaus sind auch alle anderen Namen der Königinnen ausschließlich entweder bei Königen mit Namen Philipp oder Ludwig anzutreffen.

Ein solcher Zusammenhang ist in der Realität ausgeschlossen. Dazu kommt, dass diese unmögliche Konstellation gerade in der Zeit von 1060-1322 auftritt, die ja auch durch die Abfolge der einzigen Königsnamen Philipp und Ludwig gekennzeichnet ist.

Wenn man noch Ludwig V. (König 986/987, also vor 1060) dazunimmt, dann stellt man fest: Seine einzige Ehefrau hieß Adelheid-Blanche, was perfekt zu den anderen Ludwigs passt.

Interessant sind auch die Parallelen von Philipp I. (1052-1108) und Pippin III. (714-768), dem Vater von Karl dG, insbesondere was die Ehefrau(en) betrifft. Für Pippin III. wurden ganz offensichtlich die Ehefrauen von Philipp I. kopiert, oder umgekehrt.

Pippin ist nach Ansicht des Autors ganz einfach eine altfranzösische Kurzform von Philipp. Bekannt sind die ganz ähnlichen italienischen Kurzformen Pippo von Philipp und Pippa von Philippa. Die französische weibliche Form ist Philippine. Da ist es zu Pippin nicht weit.

Warum nur sieht Pippin III.
fast genauso aus wie Philipp I. ?

Abb. 22: Bertha und Pippin III. (714-768) in St. Denis, Quelle:
http://upload.wikimedia.org/wikipedia/commons/thumb/5/54/Basilica_di_saint_Denis_Berthe_%28726-783%29.JPG/640px-Basilica_di_saint_Denis_Berthe_%28726-783%29.JPG
Autor: Sailko, Lizenz: CC BY 2.5

Abb. 23: Philipp I. (1052-1108) von Jean Du Tillet (16.Jh.)

Philipp I. war zunächst mit Bertha von Holland (teilweise auch Bertrada genannt) und später mit Bertrada von Montfort verheiratet. Die einzige Ehefrau von Pippin III. wird in den Quellen entweder Bertha oder Bertrada genannt. Einige Quellen geben aber an, daß Pippin zuvor schon einmal verheiratet war (mit einer gewissen Leutberga), und mit der ersten Ehefrau fünf Kinder hatte. Philipp I. hatte nun mit seiner ersten Ehefrau auch fünf Kinder.

Das Lebensalter von 54 und 56 Jahren bei Philipp I. und Pippin III. ist natürlich auch recht ähnlich. Beide hatten auch einen Sohn mit Namen Karl mit einer Ehefrau Bertha. Der angebliche Karl vom Philipp verstirbt jedoch schon als Kind. Wenn man Karls des Großen Geburt 747 ansetzt (das neben 742 meist angenommene Geburtsjahr), dann wird der Karl von Philipp I. ebenso 33 Jahre nach seinem Vater geboren wie Karl der Große.

Nach der Version mit Pippins erster Ehefrau soll diese von ihm verstoßen worden sein, und zwar einige Zeit nach der Geburt von Karl dG (was aber nicht zu der Version ohne Leutberga passt). Auch Philipp verstieß seine erste Ehefrau einige Zeit nach der (angeblichen) Geburt seines Sohnes Karl.

Auch das Verwandtschaftsverhältnis zu seiner Ehefrau ist sowohl bei Pippin III. als auch bei Philipp I. problematisch. Philipp trennte sich von seiner ersten Frau mit der Begründung, daß sie zu nahe verwandt wären. In Wirklichkeit waren es aber wohl Probleme mit den Liegemöbeln. Die Bertha soll nämlich so dick geworden sein, daß das Bett nicht mehr für beide reichte: "quad illa praepinguis corpulentiae esset, a lecto removit". Die Bertha vom Pippin ist zumindest als "Bertha mit dem großen Fuß" bekannt. Nach der idealisierenden Abbildung 3 zu urteilen, war Pippins Bertha zumindest übergewichtig, wenn nicht mehr, und auch recht groß. Pippin und seine Frau heirateten zunächst nicht, weil es wegen der zu nahen Verwandtschaft rechtlich unzulässig gewesen wäre. Erst nach der Geburt des Großkarls erfolgte die Heirat.

Das ist jedoch noch nicht alles. Sowohl die Königin Bertha von Pippin III. als auch die Königin Bertha von Philipp I. hatten einen Vater mit Namen Floris. Bei Pippins Bertha ist es der Floris aus der Sage von Flor(is) und Blancheflor.

Abb. 24: Floris und Blancheflor, der Sage nach die Großeltern von Karl dG, von Jan van Doesborch (ca. 1517)

Diese und andere Sagen um Karl dG, seine Taten und Vorfahren, waren im Spätmittelalter und der frühen Neuzeit weit verbreitet. Die neuerdings in der Geschichtswissenschaft bekannten Urkunden, nach denen die Bertha von Pippin III. einen gewissen Heribert als Vater hatte (Heribert von Laon), kannte seinerzeit offensichtlich noch niemand. Warum hätte man sonst einen kompletten Sagenkreis um diese Figuren erschaffen sollen oder können (ähnlich wie die Sagen um die Nibelungen oder

König Artus und seine Tafelrunde), wenn zu dieser Zeit eine nahezu komplett andere Version (die heutige offizielle Geschichtsversion mit dem "Vater Europas") schon schwarz auf weiß existiert hätte?

Insgesamt sind es von 1060-1322 sowohl neun Königinnen bei den Philipps als auch neun Königinnen bei den Ludwigs.

Außerdem: Bei den fünf verheirateten Philipps und fünf verheirateten Ludwigs zwischen 1060-1322 gibt es auch Philipp-Ludwig-Paare wie bei den Amtszeiten (folgt im Anschluss):

1 x verheiratet: jeweils zwei Philipps und zwei Ludwigs,

2 x verheiratet: jeweils zwei Philipps und zwei Ludwigs,

3 x verheiratet: jeweils ein Philipp und ein Ludwig.

Philipp VI. und Ludwig XI. danach waren auch beide zweimal verheiratet.

Bei den Namen der Kinder wird auch nur aus einem begrenzten Namensvorrat geschöpft, so dass hier auch häufig Wiederholungen auftreten.

Bei den Königen mit Namen Karl (ab dem 14. Jh.) gibt es diese Regelmäßigkeiten übrigens nicht. Auch die späteren Ludwigs folgen dem Muster nicht mehr. Wie üblicherweise zu erwarten, tragen bei diesen die Königinnen unterschiedliche Namen.

Dies sind alles absolut unmögliche Regelmäßigkeiten, die nicht durch Zufall erklärbar sind. Die Konstrukteure der offiziellen Geschichte haben die Königinnen Frankreichs ziemlich lieblos zusammenkopiert. Auch die Anordnung der Könige folgt einem klar erkennbaren Konstruktionsschema.

Darüber hinaus hat es Frankreich nach offizieller Geschichte als einziges Land im Universum über einen Zeitraum von 328 Jahren fertiggebracht, dass jeweils immer der älteste lebende Sohn des amtierenden Königs dessen Nachfolger wird. Das ist die Zeit von der Gründung der Kapetinger-Dynastie 988 (Robert II., der Sohn von Hugo Capet) bis 1316 (der als Einziger aus der Namensreihe fallende Johann I.). Andere Monarchien sind schon froh, eine solche Erbfolge über zwei bis drei Generationen und ein paar Jahrzehnte zu schaffen.

Das ist daher vollkommen absurd und nur eine Idealvorstellung einer absolutistischen Monarchie, zurückprojiziert als erfundene Geschichte.

Der Aufbau des mittelalterlichen Systems der Königsnamen in Deutschland folgt hingegen dem Föderalismus-Prinzip, das die deutsche Geschichte bis heute kennzeichnet.

Der Zusammenhang
zwischen den Systemen der Königsnamen
Deutschlands und Frankreichs

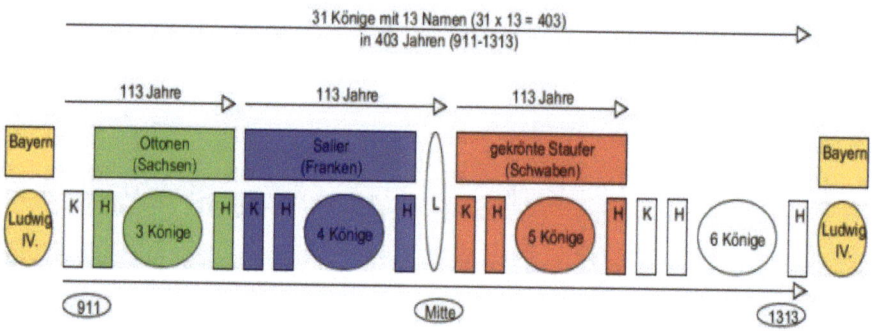

Grafik 6: Das System der römisch-deutschen Königsnamen. K steht für den Namen Konrad, H für Heinrich und L für Lothar. Es gilt die Reihenfolge der Krönungen, wenn es keine gab, die der Wahl. In der Salierzeit sind zwei Könige von den 4 in der Mitte keine Salier, und in der Stauferzeit ist ein König von den 5 in der Mitte kein Staufer. Man beachte, daß in der Antike und im Mittelalter die Abstände nicht nur mit den heute üblichen Differenzen gebildet wurden, sondern auch nach der Inklusivzählung, bei der das erste Jahr mitgezählt wird (gilt auch für Frankreich)

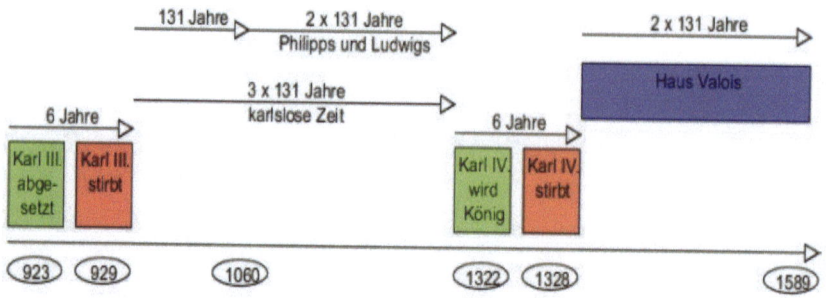

Grafik 7: Das System der französischen Königsnamen.

Von 1250 (Ende der 3 x 113 Jahre im Heiligen Römischen Reich) sind es genau 3 x 113 Jahre bis 1589, dem Ende des Hauses Valois in Frankreich. Rückwärts gerechnet vom Anfang im HRR und in Frankreich

911-113 = 798 = 929-131.

Beides zeigt die Zusammengehörigkeit beider Systeme, was natürlich auch durch das wiederholte Auftreten der Mirpzahl 13/31 offensichtlich ist.

Zu diesem konstruierten System gehören auch die Kaiser und ihre Namen: In der Zeit von 911-1313 gab es 13 vom Papst gekrönte Kaiser.

Die Anzahl der Kaiser insgesamt von Karl dem Großen (dem ersten vom Papst gekrönten Kaiser 800) bis zu Karl V. (dem letzten vom Papst gekrönten Kaiser 1530) ist auch 31. Diese 31 Kaiser hatten auch 13 verschiedene Namen.

In Aachen, Karls des Großen neuem Jerusalem mit dem neuen Salomo-Tempel (siehe folgenden Text) wurden seit Otto I. (936) insgesamt 33 ostfränkische und römisch-deutsche Könige gekrönt bzw. setzten sich danach symbolisch zum Zeichen, daß die Herrschaftsübernahme damit abgeschlossen war, auf Karls Thron. Der letzte war Ferdinand I. am 11.1.1531. Diese 33 Könige hatten 18 verschiedene Namen. Das macht 33 x 18 = 594. Und von 936-1531 sind es 595 Jahre. Bei einem späteren Jahresanfang würde es auch hier exakt passen. Dann liegt der 11.1. noch im Jahre 1530 und das Jahr der letzten Kaiserkrönung durch einen Papst ist identisch mit dem der letzten Königskrönung in Aachen.

Die Analyse der Merowinger-Zeit
von ca. 428-752

Einleitung

"Die Merowinger im engeren, agnatischen Sinn waren das Königsgeschlecht der Salier; sie treten ins Licht der Geschichte mit Chlodio, der in Cambrai seinen Sitz nahm, und Merowech, der den Zweig von Tournai begründete." [Ewig 2006, S. 14]

Gregor von Tours (538-594) berichtet in seinen "Decem libri historiarum"("Zehn Bücher Geschichten", üblicherweise als "Franken-geschichte" bezeichnet), dass Merovech aus der Familie (stirps) des Chlodio stammt und Childerich der Sohn des Merovech ist. Bis ins 19. Jahrhundert hinein begann die Liste der fränkischen

Abb. 25 Siegelring des Merowingerkönigs Childereich I. († 481)

Merowingerkönige häufig mit einem gewissen König Faramund als angeblichem Vater von Chlodio. Dieser wird aber nur im "Liber Historiae Francorum" ("Bücher über die Geschichte der Franken") eines unbekannten Autors genannt. Über diesen Faramund gibt es sonst keine Quellen und er wird heute von der offiziellen Geschichte als erfunden angesehen und wurde gestrichen. Darüber hinaus gibt es eine Reihe von Personen und Ereignissen im Zusammenhang mit den Merowingern, die bereits jetzt schon als erfunden angesehen werden. Was die überlieferten Urkunden aus der Merowingerzeit angeht, so ist jetzt schon nachgewiesen, dass mindestens zwei Drittel davon Fälschungen sind, wie bereits erwähnt wurde. Die 100 % sind also nicht mehr fern.

Die Merowingerzeit erscheint vielen mit ihren Intrigen, Bruderkriegen und laufenden Teilungen und Wiedervereinigungen des Reiches als das reinste Chaos. Da wird das Reich 511 zwischen den Söhnen von Chlodwig I. aufgeteilt, dann 588 wiedervereinigt, 561 wieder aufgeteilt, 613 wiedervereinigt, 629 dann wieder aufgeteilt, noch einmal 661-662 wiedervereinigt, danach aufgeteilt, und auch noch einmal 687 wiedervereinigt.

Auch hier kann eine systematische Analyse der offiziellen Geschichte Licht ins Chaos bringen und die zugrundeliegenden Strukturen aufdecken.

Zunächst betrachten wir die ständigen Teilungen und Wiedervereinigungen. Es fällt zunächst auf, dass die ersten drei Wiedervereinigungen in den Jahren 559, 613 und 661 jeweils durch einen König mit Namen Chlothar erfolgten, Chlothar I., II. und III. Im Frankenreich ist also Chlothar in dieser Zeit der Name des König der Wiedervereinigung - im hochmittelalterlichen Spanien spielt übrigens jeweils ein König mit Namen Ferdinand die gleiche Rolle. Dreimal vereinigt ein König mit Namen Chlothar in der Zeit von 511-661 das Reich; sonst tut das kein König mit einem anderen Namen.

Diese drei Könige mit Namen Chlothar sind auch noch vollkommen gleichmäßig in der Chronologie angeordnet, mitsamt namensidentischen anderen Königen. Chlothar II. wird 73 Jahre nach Chlothar I. König, und Chlothar III. wird 73 Jahre nach Chlothar II. König und stirbt dazu auch noch in einem Jahr, das mit 73 endet, 673.

Königserhebungen: 511 => 584 => 657

Darüber hinaus sind auch die Jahreszahlen der Königserhebung durch 73 teilbar. 511 = 73 x 7 usw.

Nach den Chlothars liegt ein König, dem auch eine Wiedervereinigung zugesprochen wird, Childerich II., der von 673-675 König des gesamten Frankenreiches war. Auch hier wieder eine Jahreszahl mit 73!

Die nächste Vereinigung des Frankenreiches findet dann unter Theoderich III. statt, der ab 673 König war. Und auch bei Theoderich IV.,
einem Schattenkönig unter dem eigentlichen Herrscher des Frankenreiches, Karl Martell, findet man die 73 wieder – als Todesjahr 737,
und das Frankenreich ist vereinigt.

Chlothar I. wird also im Jahre 73 x 7 (511) König und Theoderich IV.
ist bis 737 König.

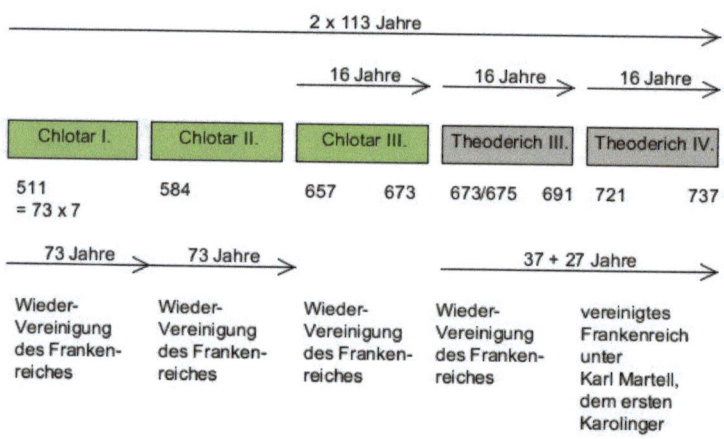

Grafik 8: Die Strukturierung der Wiedervereinigungen des Frankenreiches

Theoderich IV. (721-737) ist übrigens ebenso 16 Jahre lang König wie
Chlothar III. (657-673). Auch Theoderichs III. zweite Amtszeit, in die
auch die Vereinigung des Frankenreiches fällt, dauert genau 16 Jahre
(675-691), nachdem er bereits 673 König geworden war, aber kurz
darauf wieder abgesetzt wurde.

Es fällt auch auf, daß 511 genau 400 Jahre vor dem Jahre 911 liegt,
dem Anfang der 3 x 113 Jahre mit Konrad I., II. und III. Von 73 x 7
(511) bis 737 sind es auch genau 2 x 113 Jahre.

Und genau diese fünf ganz klar konstruierten Könige bilden die
Ausnahmen im Namensmuster der Merowinger-Könige, das im Folgenden beschrieben wird.

Das System der Namen der Merowinger-Könige von 428-752

Die gesamtfränkische Residenzstadt war seit Chlodwig I., dem Sohn von Childerich I., Paris (497) im späteren Teilreich Neustrien. Von dort gingen dann auch nach der Reichsteilung nach Chlodwigs Tod mehrere Wiedervereinigungen aus. Alle Könige des Gesamtreiches residierten in Paris.

Den Merowingern folgten als Könige des Frankenreiches die Karolinger. Karl der Große machte nach offizieller Geschichte Aachen zur bevorzugten Residenzstadt. Von den Karolingern sind bislang knapp die Hälfte der überlieferten Urkunden als Fälschungen entlarvt – auch hier mit steigender Tendenz.

Karl der Große war aber eher der Typ ohne festen Wohnsitz und bevorzugte als König das Wanderleben. Das machten ihm dann alle ostfränkischen und römisch-deutschen Könige nach – bis zu Ludwig IV., der ab 1314 König war und München zu seiner Residenzstadt erhob. Das zivilisierte Leben mit einem festen Dach über dem Kopf und ohne ständiges Herumwandern mit dem Hofstaat hat dann dann auf der Stelle alle überzeugt, so dass jeder König nach ihm auch eine Residenz- bzw. Hauptstadt hatte. Ab Karl IV. (ab 1346) war es dann Prag, später auch Wien. Seltsamerweise befinden sich dieses Städte weit außerhalb der Zentren des glorreichen deutschen Hochmittelalters in Sachsen, Franken und Schwaben (**Es waren einmal 31 Könige mit 13 Namen in 403 Jahren – und wenn sie nicht gestorben sind, dann leben sie noch heute. Amen!**).

In der Zeit der den Karolingern folgenden fränkischen Kapetinger-Dynastie (ab dem 10. Jh.) wird Paris wieder das politische Zentrum des Reiches und blieb es bis zum heutigen Tage.

Die Analyse der Abfolge der Namen der Könige ergibt, dass auch die Namen der Könige der fränkischen Merowingerzeit nach einem System konstruiert wurden. Die überlieferte Abfolge der Namen kann aufgrund von Wahrscheinlichkeits-Überlegungen nicht auf natürlichem Wege zustande gekommen sein. Bei der Analyse werden von Beginn bis Ende die Könige des Gesamtreiches berücksichtigt, in Zeiten, in denen den Königen keine Vereinigung des gesamten Reiches gelang, sind es die Könige mit Paris (Neustrien) als Residenz. Dies ist eine naheliegende und aufgrund der obigen Erläuterungen einleuchtende Vorgehensweise. Darüber hinaus gibt es eine Reihe weiterer, weitgehend bedeutungsloser Könige, die nur in Teilreichen des Frankenreiches herrschten.

Folgendes Namensmuster wiederholt sich zwei- bis dreimal:

> 0. zwei beliebige Namen
> 1. Childerich
> 2. Chlodwig
> 3. Childebert
> 4. (Chari-/Dago-)bert
> 5. Chilperich

Die Namen der Könige und anderen Regenten sind dann in der überlieferten Reihenfolge folgende:

ca. 428 AD	Chlodio
	Merovech
	    1. Childerich I.
	    2. Chlodwig I.
	    3. Childebert I.
	       (Chlothar I.)
	    4. Charibert I.
	    5. Chilperich I.
	       (Chlothar II.)

629 AD	Dagobert I.
	Chlodwig II.
	       (Chlothar III.)
	    1. Childerich II.
	       (Theoderich III.)
	    2. Chlodwig IV.
	    3. Childebert III.
	    4. Dagobert III.
	    5. Chilperich II.
	       (Theoderich IV.)

737 AD	Karl Martell (als Regent) Pippin der Kleine (als Regent) 1. Childerich III.

Tabelle 7: Das System der Namen der Merowinger-Könige von 428-752

In diese Namensstruktur sind mehrere Könige mit den Namen Chlothar (Lothar) und Theoderich eingestreut, auf die oben bereits eingegangen wurde. Lothar als König der Mitte war bereits im System der römisch-deutschen Könige eine Ausnahme und ist es auch hier. Der griechische Name "Theodor" bedeutet auf deutsch "Geschenk Gottes". In der Papstliste (siehe Kapitel zur "Wohlstrukturierten Papstliste") haben Päpste mit Namen Theodor (und dem bedeutungsgleichen Adeodatus) eine ähnliche Funktion. Theoderich fällt auch als "Doppelgänger" Ottos des Großen auf (siehe Arndt 2012, S. 146 f.).

Es sind also zunächst zu streichen, sozusagen als "Grundrauschen":

a)   alle Könige mit Namen Chlothar,
b)   alle Könige mit Namen Theoderich.

Damit das nicht missverstanden wird: Das Streichen aus der Namensliste und auch alle erkennbaren Verdopplungen und Verdreifachungen von Namen bedeuten nicht, dass es niemals Könige mit diesen Namen gab. Ein Exemplar jedes Namens dürfte es zumindest gegeben haben. Wichtig ist dabei, seit wann es keine neuen Königsnamen bei den Merowingern mehr gab. Dazu später mehr.

In der Zeit von 737-743 gab es keine Könige im Frankenreich. 737 starb König Theoderich IV., und kein Merowinger erhob Anspruch auf den Thron. Wie man in der Tabelle 7 sehen kann, endet gerade an dieser Stelle auch der zweite Teil des Systems nach der Wiederholung der Namen des ersten Teils. Dies ist eine Bestätigung der Entdeckung der Konstruktion.

Man könnte das System allerdings auch weiterführen. Die Hausmeier ("maior domus") Karl Martell und später sein Sohn Pippin der Kleine trugen den Titel "dux et princeps Francorum" und waren in dieser Zeit von 737-743 unumstrittene Herrscher des Frankenreiches (insbesondere in Neustrien), daneben noch Pippins Bruder Karlmann im Osten des Reiches.

In dieser königslosen Zeit werden in der Analyse daher Karl Martell (Tod 741) und Pippin der Kleine (ab 741) berücksichtigt. Diese gehörten der Merowinger-Dynastie aber nicht an, sondern gelten als die ersten Karolinger. Die endgültige Bestätigung der Konstruktion der Abfolge der Namen liefert dann der letzte Merowinger-König Childerich III. (743-751), der ebenso wie Childerich I. und Childerich II. genau an der ersten Stelle des dann letzten Teils des mit ihm endenden Systems steht.

Die Namen des ersten Teils des Merowinger-Systems enden 584 mit dem Tod von Chilperich I. Danach wiederholt sich die Namensstruktur des ersten Teils. 594 starb der schon genannte Gregor von Tours systemkonform nach dem Ende des ersten Teils des beschriebenen Systems nach Chilperic I. Zu der Zeit regierte gerade ein Chlothar. Nach ihm begann dann mit Dagobert I. der zweite Teil. Auch im Osten, in Konstantinopel, ist die antike Geschichtsschreibung 602 mit Theophylaktos Simokates zu Ende, dessen "Historien" bis Kaiser Phokas reichen.

Dagobert I. (ca. 605-639) war der letzte Merowingerkönig mit einem neuen Namen. Nach ihm treten bei den Königen nur noch bisher schon vergebene Namen auf.

Die überlieferten Chroniken enden etwa in dieser Zeit und lassen eine lange Lücke folgen. Die Fredegar-Chronik endet 642. Die nächste Chronik folgt erst 727 mit dem "Liber Historiae Francorum", dessen unbekannter Autor aber die Fredegar-Chronik nicht kannte und offensichtlich Gregor von Tours fortsetzt.

Auch in Konstantinopel ist zur selben Zeit für über 100 Jahre Schluss. Das Chronicon Paschale geht bis 630 und die Chronik des Johannes von Nikiu bis 643 (nach dem Tod von Kaiser Herakleios). Danach folgt erst 769 die Chronik des Nikephoros, die aber, ähnlich wie im Frankenreich, wo Gregor von Tours fortgesetzt wird (Tod 594), 602 einsetzt und damit an Theophylaktos Simokates anknüpft.

Sowohl Dagobert I. als auch Herakleios sind nach der Überlieferung die beiden letzten bedeutenden Herrscher ihrer Reiche für lange Zeit.

Hier kann man also klare Übereinstimmungen von Eckpunkten der beschriebenen Namensstruktur mit markanten Eckpunkten in der Überlieferung von Geschichtsschreibern und Chronisten feststellen.

Gerade zu dem Zeitpunkt, an dem es einen Bruch in der Geschichtsschreibung gibt, endet der erste Teil, dem dann nach gleichem Muster verdoppelte und zum Teil verdreifachte Namen folgen. Genau ab dem Zeitpunkt, ab dem auch die Chroniken zu schweigen beginnen, gibt es bei den Merowingerkönigen keine neuen Namen mehr.

Wie oben gezeigt wurde, ist also die 73 eine entscheidende Zahl bei der Konstruktion der Merowingerzeit. Aber auch deren Spiegelzahl 37 spielt eine wichtige Rolle. Die Könige Chlodwig I., Chlodwig II. und Chlodwig III. sind am Raster

2 x 73 + 37 Jahre

ausgerichtet,und zwar mit den Jahren des Endes ihrer Herrschaft (Tod), und die Könige Childebert I., Childebert adoptivus und Childebert III., mit den Jahreszahlen des Beginns ihrer Herrschaft.

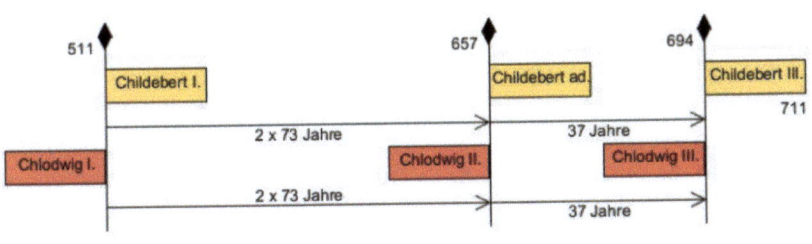

Grafik 9: Die Anordnung der Könige mit Namen Chlodwig und Childebert

Die 73 und die 37 sind auch Primzahlen - aber nicht nur das, sondern auch Mirp-Zahlen, d.h. Primzahlen, die auch rückwärts gelesen Primzahlen sind, und zwar andere Primzahlen. Das ist ein gemeinsames Merkmal mit den Systemen der Könige in Deutschland und in Frankreich im Hochmittelalter, wo, wie bereits erwähnt, die Mirp-Zahlen 13, 31 und 113 die Chronologie strukturieren, und auch die Primzahl 131.

Das sind weitere deutliche Hinweise auf eine Konstruktion dieser Jahreszahlen, und der damit verbundenen Chronologie und Geschichte.

Die der offiziellen Geschichte zugrunde liegenden Schriftquellen über die Herrscher, die dieser Zeit zugeordnet werden, sind daher zwangsläufig weitgehend Fälschungen.

Das ist aufgrund der absoluten Unwahrscheinlichkeit all dieser Übereinstimmungen praktisch ein weiterer Beweis für die Fälschung der alten Geschichte.

Vom Anfang (Chlodio) bis zum Ende (Childerich III.) gibt es übrigens insgesamt 37 Merowinger-Könige, obwohl einer davon kein gebürtiger Merowinger war, sondern adoptiert wurde (Childebert adoptivus).

Weitere Auffälligkeiten in Bezug auf die Anordnung der Namen der Merowingerkönige kann man Grafik 10 entnehmen. Z.B. folgen die Könige mit Namen Charibert, sowie Dagobert I. und Dagobert II., jeweils auf Könige mit Namen Chlothar.

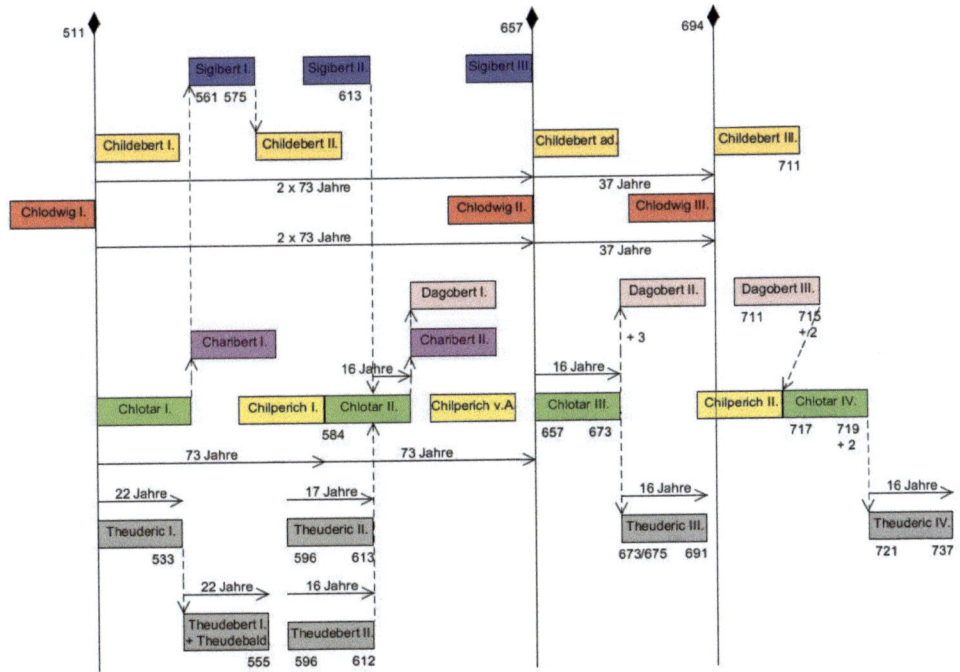

Grafik 10: Die Anordnung der Königsnamen, die mehrmals auftreten

Sind die Karolinger
nur ein Double der Merowinger?

Abb. 27: Die fränkische Expansion von der Merowingerzeit (5./6. Jh. bis in die Karolingerzeit 8. Jh.), mit einer auffälligen Lücke von 200 Jahren von den 530er bis in die 730er Jahre; Quelle:
https://commons.wikimedia.org/wiki/File:Frankish_Empire_481_to_814-en.svg, Autor: Sémhur, Lizenz: CC BY-SA 3.0

Mit der Mirpzahl 73 wird auch klar, warum man Karl dem Großen ausgerechnet 46 Regierungsjahre gegeben hat (768-814). Denn 46 + 27 (Pippin II., Karl Martell, Pippin III., Ludwig I. als Kaiser) = 73!

Die Merowinger und Karolinger wurden nach derselben Schablone gestrickt (mit Details zur Verknüpfung der beiden Dynastien am Ende der zweiten Tabelle):

Karolinger	Merowinger	Bemerkungen	Diff.
Karl Martell (714/718),	Chlodio (ca. 428),	Erster Karolinger/ Merowinger,	286/290 Jahre
Pippin (741/752),	Merowech (ca. 448),	dann drei Könige;	293/304
Karl (768),	Childerich (ca. 458),	dritter ist	310
Ludwig (814)	Chlodwig (482)	Ludwig = Chlodwig	332
Teilung des Reiches 843 nach Ludwigs Tod (Vertrag von Verdun)	Teilung des Reiches 511 nach Chlodwigs Tod	Danach Teilung des Reiches	332
Lothar I., der römischer Kaiser ist und damit formell der Chef	Chlothar I., der das Reich wieder vereint; ist damit König aller Franken	Danach ein König mit Namen Lothar = Chlothar	
Teilung 855, zehn Tage vor Lothars Tod (Teilung von Prüm)	Teilung 561, nach Chlothars Tod	Danach Teilung des Reiches	294
Teilung des Teilreichs Loth(a)ringen 870 nach dem Tod von Lothar II. (Sohn von Lothar I.) (Vertrag von Meerssen)	Teilung des Teilreichs von Charibert I. 567 nach dessen Tod (Sohn von Chlothar I.)	Zwei weitere Teilungen, die sich ähneln nach dem Tod des Sohnes von (Ch)Lothar I.	303
Neuregelung der Teilung 880 zwischen den Königen des Ost- und Westfrankenreiches (Vertrag von Ribemont). Ende der Teilungen	Neuregelung der Teilung 587 zwischen den Königen von Austrasien und Burgund (Vertrag von Andelot). Ende der Teilungen	Nach einem Krieg und Gebietserwerbungen (nicht direkt nach dem Tod des Königs) werden früher strittige Gebiete neu aufgeteilt. Ende der Teilungen	293
911 Ende der Karolinger im Ostfrankenreich und Karl III. macht Anspruch auf das gesamte Frankenreich geltend.	613 erneute Vereinigung des Frankenreiches unter Chlotar II.	Mißglückte Vereinigung und erfolgreiche Vereinigung	298
Nach Ludwig IV./Karl III. (911/929) gibt es keine Könige mit diesen Namen mehr: Karl (im Osten und Westen) und Ludwig (im Osten), jedenfalls für ca. 400 Jahre. Dafür gibt es im Osten in den nächsten 403 Jahren Könige mit Namen Konrad und Heinrich, aber weder davor noch danach.	Mit Dagobert I. (Sohn von Chlothar II., Tod 639) beginnt der zweite Teil im Namenssystem der Merowinger. Nach ihm tragen die Könige nur noch bereits zuvor bekannte Namen. Erste Arnulfinger/Pippiniden (Vorfahren der Karolinger): Arnulf von Metz (ca.582-640) u. Pippin I. (ca. 580-640).	Zeitgleiches Auftreten der Auffälligkeiten bei den Königsnamen	

Tabelle 8: Vergleich der Teilungen der Merowinger- mit denen der Karolingerzeit

Merowinger	Dauer	Karolinger	Dauer	Differ.
Chlodio (ca. 428-ca.448) Merowech (ca. 448-ca.458) Childerich (ca. 458-482) **Chlodwig I.** (482-511) **Chlothar I.** (511-561)		Karl Martell (714-741) Pippin (741-768) Karl (768-814) **Ludwig I.** (814-840) Lothar I. (843-855)		286 Jahre
511-613 viele Könige und vier Teilungen		840-893 viele Könige und vier Teilungen		
Chlothar II. (584-629) **Dagobert I.** (629-639) **Chlodwig II.** (639-657)	45 Jahre 10 Jahre 18 Jahre	Karl III. (893-923/929) **Robert** I. + Rudolf (622-936) Ludwig IV. (936-954)	30 Jahre 14 Jahre 18 Jahre	
Die Pippiniden, aus denen die Karolinger hervorgehen, werden als Hausmeier die eigentlichen Führer des Reiches, 643 Grimoald der Ältere, 687 Pippin II. als **dux francorum**		Die Robertiner, aus denen die Kapetinger-Könige hervor- gehen, werden die eigentlichen Führer im Reich; 936 Hugo der Große erhält den neu ge- schaffenen Titel **dux francorum**		
Chlothar II. + Childerich II. + Theuderich III. (657-690) **Chlodwig III.** (690-694) (694 siehe Graphik oben) 694 + 131 – 73 = 752 Childerich III. (letzter Merowinger-König)	33 Jahre 4 Jahre	Lothar (954-986) Ludwig V. (986-987) (letzter Karolinger-König) 986 = 840 + 2 x 73 = 694 + 4 x 73 987 = 929 + 131 – 73 (929 Beginn der 3 x 131 Jahre)	32 Jahre 1 Jahr	293 Jahre

Tabelle 9: Vergleich der Merowinger- mit der Karolingerzeit

Die Fiktionalität eines wesentlichen Teils der Pippiniden- und Karolinger-Geschichten ergibt sich auch aus der im Folgenden beschriebenen Konstruktion von deren Dynastien im Zeitraum 580-840.

In der folgenden Tabelle sind die überlieferten Daten für Geburt, Amtsantritt als Hausmeier/König und Tod der Pippiniden und Karolinger aufgeführt. Bei mehreren möglichen Daten werden diese genannt. Hausmeier/Könige, die nur in Teilreichen herrschten, werden nicht aufgeführt. Die im 7. Jahrhundert teilweise noch dazwischenliegenden Hausmeier anderer Dynastien sind hier nicht relevant.

Die Stammväter der Vorfahren der Karolinger waren der Bischof Arnulf von Metz (Stammvater der Arnulfinger) und Pippin der Ältere (Stammvater der Pippiniden). Beide werden um 580 geboren und sterben 640.

Name	geboren	Differenz	Hausmeier/ König	Differenz	gestorben
Pippin der Ältere	um 580	ca. 43	623	17	640
Arnulf von Metz	um 582	ca. 32	614 (Bischof)	26	640
Grimoald der Ältere	um 615	ca. 28	643	ca. 17	656-662
Pippin der Mittlere	635-645 (um 640)	ca. 46	(679)/Gesamtreich: 687	26	714
Karl Martell	688	26	714	27	741
Pippin der Jüngere	714	27	741/ (742)	27	768
Karl der Große	742/ (747)	26	768	46	814
Ludwig der Fromme	778	36	814	26	840

Tab. 10: Die Konstruktion der Pippiniden und Karolinger von 580-840

Es überrascht nicht, dass das Jahr des Todes des Vorgängers in fast allen Fällen identisch ist mit dem Jahr des Amtsantritts des Nachfolgers.

Aber – und das ist wirklich überraschend – die Spalten "Hausmeier/König" und "geboren" des Nachfolgers weisen dieselbe Übereinstimmung auf. Das ist ein sicheres Zeichen für eine Geschichtserfindung am Schreibtisch.

Bei allen, außer beim Letzten, ist das Jahr der Übernahme des Hausmeier-/Königsamtes identisch mit dem Geburtsjahr des Nachfolgers; teilweise sind geringe Abweichungen möglich.

Außerdem: Geboren wurden die Herrschaften auf dem Papier im festen Raster:

1) um x80 (x78 – x88)

2) x14 – x15

3) um x41 (x35-x45)

mit Wiederholung, beginnend bei Pippin d. Älteren und endend mit Ludwig dem Frommen.

Ähnliche Wiederholungen ergeben sich auch in den Spalten "Hausmeier/König" und "gestorben".

Wer hier keinen Sinn für Realitäten hat und das für Zufall halten sollte, kann sich ja mal sieben beliebige, aufeinanderfolgende Personen einer beliebigen Dynastie auf dieser Welt heraussuchen und vergleichen !

Aber das ist noch nicht alles!

Es ist auffällig, daß von den sieben Personen vier im praktisch selben Alter von 26-28 Jahren Hausmeier/König werden (Grimoald d. Ä., Karl Martell, Pippin d. J., Karl d. Große).

Weiterhin fällt natürlich auf, daß von den sieben Personen bei fünfen die Abstände zwischen Amtsantritt und Tod jeweils ebenso 26-27 Jahre betragen (Pippin d.Ä., Pippin d.M., Karl Martell, Pippin d.J. und Ludwig d. Fromme).

Karl d. Große fällt mit seinen 46 Jahren wie üblich etwas aus der Reihe. Es gibt jedoch mindestens eine Quelle, in der auch für den großen Karl 25 Jahre genannt werden ([beschrieben in [Friedrich 2003]). Wenn man davon ausgeht, daß sich nach der dortigen Rechnung das Jahr 802 für seinen Amtsantritt ergibt, was nun gar nicht geht, dann erhielte man, ausgehend vom üblichen Kaiserjahr 800, auch wieder 27 Jahre.

Zwei weitere Personen, die neben der Hauptlinie stehen, sollte man nicht vergessen. Der erste ist der Sohn von Pippin d.M., Grimoald der Jüngere, der zeitweise parallel mit seinem Vater Hausmeier war, und zwar in Neustrien. Auch er paßt mit seinem Sohn sehr schön ins Raster. Geboren wurde Grimoald um 680. Das paßt, da er Halbbruder von Karl Martell war. Hausmeier wurde er (etwas unpassend) um 695-700. Er starb wie Pippin d.M. 714. Sein Sohn Theudoald war ebenfalls 714/715 kurzfristig Hausmeier und starb, dem Muster gemäß, 741, im selben Jahr wie Karl Martell.

Karlmann, der Bruder von Pippin d. J. wurde passenderweise um 714 herum geboren (etwas vage 706-716) und wurde 741/742 Hausmeier. Er trat dann bald zurück, und starb (etwas unpassend) 754.

Die anderen Figuren hat man dann um diese Hauptpersonen drumherumgestrickt, wobei es dann zwangsläufig auch Wiederholungen gibt.

Nur um einem Einwand vorzubeugen, der hier kommen könnte: Das Amt des Maior Domus (deutsch: Hausmeier, nicht Hausmeister !) war nicht so etwas wie der erste sichere Job im Leben, nach dessen Antritt man an die Zeugung des Nachwuchses denken konnte (wobei ja bei der damaligen hohen Säuglings- und sonstigen Sterblichkeit auch nicht jeder Versuch zu einem Nachfolger führte). Nein, die Leute, die Hausmeier wurden, gehörten auch schon vorher zur absoluten Elite und hatten auch schon vorher genug Macht und Reichtum (das sagen jedenfalls die Geschichtsbücher).

Dazu kommt die Häufung der Kombination 1-4 bzw. umgedreht 4-1, Kennern biblischer Symbolik wohlbekannt (siehe z.B. [Weinreb 1986, S. 77 ff.]), teilweise auch mal ein Jahr daneben. Die Kombination 1-4 bzw. 4-1 ist durchgängig vom 7.-9. Jh. belegt, mit aufeinanderfolgenden Hausmeiern/Königen.

Regelmäßigkeiten bei den Königen der Vorgängerreiche Spaniens sowie Portugals

Spanien

Es überrascht nicht, dass auch auf der Iberischen Halbinsel absolut unwahrscheinliche Regelmäßigkeiten in der Abfolge der Königsnamen auftreten. Hier sind die Parallelen zum Frankenreich und zum Heiligen Römischen Reich frappierend, wie im Folgenden gezeigt wird.

Zunächst einmal aber zu den Unterschieden: Die vier einflussreichsten Stämme im Ostfranken-/HRR stellen **nacheinander** die Könige für ein vereinigtes Reich, und dies in relativ fest abgegrenzten Zeitabschnitten. In Spanien ist es anders: Die vier wichtigsten Regionen, Leon, Galicien, Kastilien und Aragon, laufen im Mittelalter **parallel**, werden also

Abb. 28: Die iberische Halbinsel 1360

als getrennte Staaten dargestellt. Mehrfache Teilungen und (Wieder-) Vereinigungen werden über die Königsnamen Ferdinand und Alfons strukturiert, wie im Folgenden beschrieben. Möglicherweise steht dahinter ein tatsächliches solches Ereignis, das dann in der offiziellen Geschichte vervielfacht wurde.

In Spanien gibt es Namen bedeutender Könige, die durchgehend vom Frühmittelalter (8./9. Jh.) bis in die Neuzeit vergeben wurden. Hier besteht ein entscheidender Unterschied zum Frankenreich und dem späteren Frankreich und HRR .

Übereinstimmung mit der Chronologie des Frankenreiches/HRR

Der Übergang von der Westgotenzeit zu den Königen Asturiens (dem Vorgängerstaat Spaniens) erfolgt analog zum Übergang von der Merowinger- zur Karolingerzeit ca. 717-741. Sowohl im Franken-reich als auch im späteren Spanien über-schneiden sich die alte und die neue Dy-nastie - Merowinger und Karolinger sowie Westgoten und Fürsten von Asturien.

Die Teilung Asturiens 910 entspricht der endgültigen Teilung des Frankenreiches (Dynastiewechsel mit dem ersten Nicht-Ka-rolinger im Ost-Frankenreich 911).

Ebenfalls gibt es sowohl im späteren Spani-en als auch im HRR die Marke um 1250, d.h. 1252/57: Alfons X. wird König von Ka-stilien und römisch-deutscher (Gegen-)Kö-nig.

Abb. 29: Alfons X. (1221-1284), König von Kastilien und römisch-deutscher Gegenkönig

Und zum Schluss wird 1516 bzw. 1519 der Habsburger Karl als Karl I. bzw. Karl V. Kö-nig von Spanien und römisch-deutscher König und Kaiser.

Abb. 30: Der deut-sche und spanische König und Kaiser Karl I./V. (1500-1558) mit seiner Frau Isabella von Portugal. Er herrschte sowohl über Deutschland als auch über die iberische Halbinsel. Kommt es daher, dass es auffällige Parallelen in der Geschichte Deutschlands und der iberischen Halbinsel gibt?

Frankenreich/HRR	Spanien
- 717: Der erste Karolinger, Karl Martell, wird Hausmeier des gesamten Frankenreiches, und damit praktisch der Herrscher. - 741 wird der spätere erste König der Karolinger, Pippin der Kleine, sein Nachfolger als Hausmeier.	- 718: Pelayo gründet das erste christliche Staatsgebilde "nach" dem Untergang des Westgotenreiches (721 Tod des letzten Königs Ardo, 725 wurde mit Septimanien der letzte Reichsteil von den Muslimen besetzt). - 739 beginnt mit Alfons I. der erste (gesicherte) König von Asturien seine Herrschaft
- 911 wird mit Konrad I. der erste Nicht-Karolinger Ostfranken-König, nach Ludwig IV., dessen Namensvetter Ludwig IV. 1313 König wird - 922 wird mit Karl III., dem Einfältigen, der letzte Karl als Westfranken-König abgesetzt (der nächste Karl folgt 1322 mit Karl IV.)	- 910 stirbt König Alfons III., und das Königreich Asturien wird aufgeteilt (Alfons X. ist erster König nach der "Wiedervereinigung") - Die Lebensdaten der Könige vor der Teilung, Alfons III. (848-910), und nach der Teilung, Alfons X. (1221-1284), liegen 373/374 Jahre auseinander, d.h. vom Tode Alfons III. 910 bis zum Tode Alfons X. 1284 sind es 374 Jahre. - fast identisches Alter: 62/63 Jahre.
- 1250 Ende der Stauferdynastie auf dem Königsthron und Beginn des Interregnums (Ende des römisch-deutschen Teil-Systems der Königsnamen nach 339 Jahren (911-1250)), - 1254 erstmalige Überlieferung des Namens "Heiliges Römisches Reich" - 1257 Alfons X. wird römisch-deutscher (Gegen-)König	- 1230 werden Kastilien, Leon (Asturien) und Galicien endgültig wiedervereinigt, - 1252 Alfons X. ist der erste König danach
- 1519 Karl V. wird römisch-deutscher König	- 1516 Karl I.(V.) wird König von Spanien

Tabelle 11: Übereinstimmungen Frankenreich/HRR und Spanien

Auffällig in Spanien ist weiterhin:

1) Ferdinand ist der König, der vereint: Kastilien/Leon/Galicien 1037(-1157), erneut 1230, sowie Kastilien/Aragon 1479. (Den ersten römisch-deutschen König mit Namen Ferdinand gibt es 1531.)

2) Alfons I. ist der erste nachgewiesene König von Asturien (dem Vorgängerstaat Spaniens), eroberte Galicien und Leon, und gilt als eigentlicher Schöpfer des Königreichs Asturien.

Alfons III. und der VII. sind jeweils der erste König vor der Teilung (jeweils 910 und 1157), und Alfons VI. und der X. ist jeweils der erste König nach der Teilung (1072 und 1252), nach den Ferdinands.

3) Sowohl Alfons VI. als auch der X. haben einen Bruder Sancho, der auch König wird.

247 Jahre sind es jeweils:

von 910: nach Alfons III. (Teilung von Asturien)	**bis 1157: Tod Alfons VII.** (danach wieder Teilung von Asturien = Leon/Galicien/Kastilien)
von 1037: Ferdinand I. (vereinigt Leon und Kastilien)	**bis 1284: Tod Alfons X.**
von 1230 (+ 2 Jahre): Ferdinand III. (vereinigt Leon und Kastilien nochmal)	**bis 1479: Ferdinand V.** (vereinigt Kastilien/Leon und Aragon)

Wichtig bei der Konstruktion ist auch die Zeitspanne 320 Jahre (Merowingerzeit 428 bis 751 = 323 Jahre):

395: Teilung des Römischen Reiches	**720 (718/721): Tod des letzten Westgotenkönigs, sowie erster Fürst von Asturien**
910: Teilung von Asturien	**1230: Wiedervereinigung von Leon/Galicien/Kastilien**
1157 (=1159 - 2): erneute Teilung von Leon/Galicien/Kastilien	**1479: Vereinigung Kastilien und Aragon**

Portugal

Die Rollen dreier Königsnamen Portugals entsprechen denen der anderen Reiche auf der Iberischen Halbinsel. Dies dürfte nach dem bisher Gelesenen keine große Überraschung sein. Somit ist natürlich Alfons der Name des Gründers. Alfons I., auch „der Eroberer" genannt, ist der erste König von Portugal von 1139 bis 1185. Er machte Portugal endgültig von Kastilien/Leon unabhängig und eroberte große Teile des heutigen Portugal von den Mauren zurück.

Sancho ist der Name von Söhnen von Königen mit Namen Alfons.

Und Ferdinand ist auch in Portugal der Name des Vereinigers, obwohl hier die Vereinigung misslingt. Ferdinand I. (1367-1383) erhebt Ansprüche auf den kastilischen Thron, da seine Mutter aus dem kastilischen Königshaus stammt. Er begann deshalb einen Krieg mit Kastilien, aber verlor ihn. Nach Ferdinands Tod erhob nunmehr Kastilien Ansprüche auf den Thron Portugals, was wiederum zu einem Krieg führte, den Portugal aber gewann. Auf jeden Fall folgte von 1383-1385 ein Interregnum, verbunden mit einem Dynastiewechsel auf dem portugiesischen Thron.

1093	Heinrich von Burgund
1112/1139	Alfons I. Sancho I. Alfons II. Sancho II. Alfons III. Dionysius Alfons IV. Peter I. Ferdinand I.
1383	Interregnum und Krieg

Tabelle 12: Die Namen der Herrscher Portugals von 1139-1383

Die Namen der Könige Englands im Mittelalter

Das englische Hochmittelalter

Der Mathematiker und Chronologiekritiker A. Fomenko hat bereits gezeigt, dass die englische Geschichte bis 1327 (gewaltsamer Tod König Edwards II.) der Geschichte von Byzanz bis 1453 ähnelt [Fomenko 2003-2006, Band 4, S 565 f.]. Fomenko ist durch seine statistischen Analysen der Texte, die der offiziellen Geschichte zugrunde liegen, bekannt. Diese Analysen ergeben nach Fomenko, dass die gesamte Geschichte der Antike und des Mittelalters eigentlich nur aus Wiederholungen immer derselben wenigen Geschichten besteht. Die Abfolge der Herrscher und der Ereignisse dieser Jahrtausende sind nach Fomenko nur geringfügig abgeänderte Duplikate von nur wenigen tatsächlichen Geschichten.

Die diesbezüglichen Ergebnisse seiner Forschungen werden hier jedoch nicht übernommen. Unabhängig davon bringt die Analyse der Königsnamen jedoch auch in England weitere interessante Einblicke in die Konstruktion der offiziellen Geschichte.

Erster König der Angeln (Rex Anglorum) war Offa von Mercia (774-796), obwohl die Quellen hier nicht eindeutig sind. Er war der Reformator des englischen Münzwesens mit der Einführung der Penny-Münzen. Erster König der Angelsachsen (Anglorum Saxonum Rex) war Alfred der Große (871-899). Der erste König mit dem Titel „König von England" (Rex Angliae) war Heinrich II. (1154-1189).

Alle Regenten nur einmal aufgeführt, und zwar in der Reihenfolge des ersten Antritts der Herrschaft.

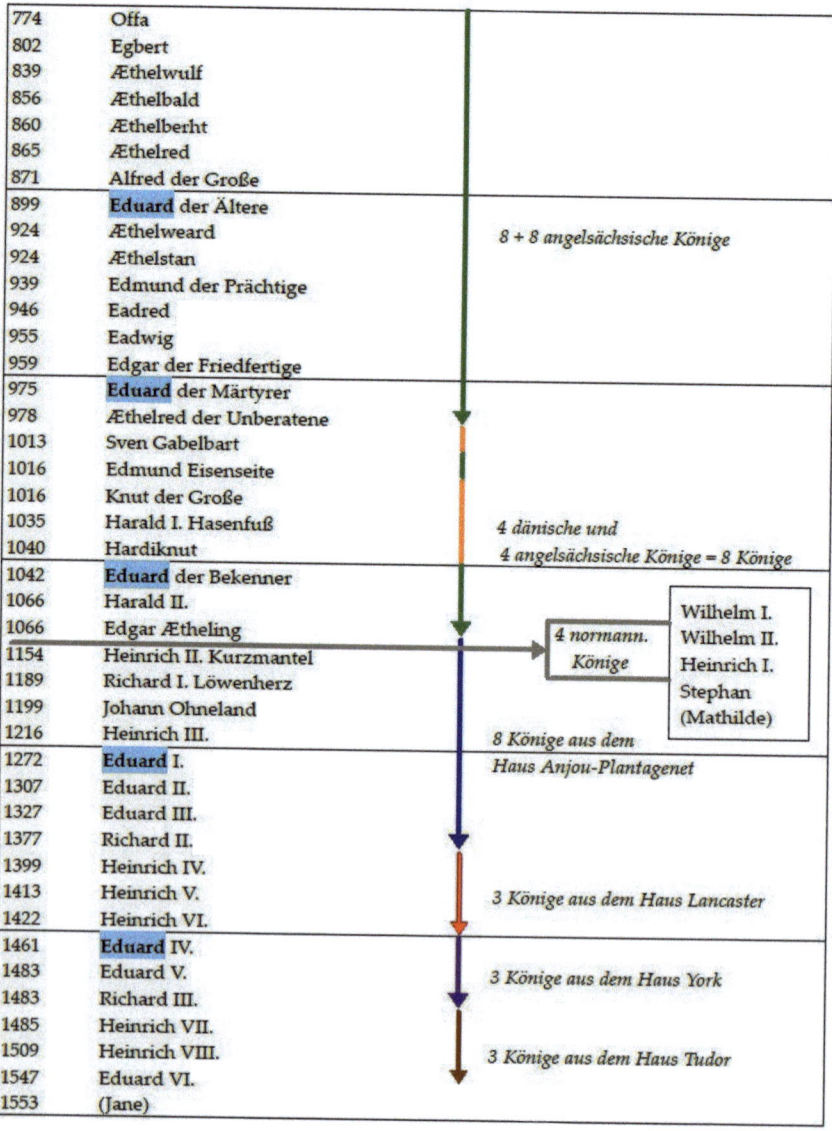

774	Offa	
802	Egbert	
839	Æthelwulf	
856	Æthelbald	
860	Æthelberht	
865	Æthelred	
871	Alfred der Große	
899	Eduard der Ältere	*8 + 8 angelsächsische Könige*
924	Æthelweard	
924	Æthelstan	
939	Edmund der Prächtige	
946	Eadred	
955	Eadwig	
959	Edgar der Friedfertige	
975	Eduard der Märtyrer	
978	Æthelred der Unberatene	
1013	Sven Gabelbart	
1016	Edmund Eisenseite	
1016	Knut der Große	
1035	Harald I. Hasenfuß	*4 dänische und*
1040	Hardiknut	*4 angelsächsische Könige = 8 Könige*
1042	Eduard der Bekenner	
1066	Harald II.	
1066	Edgar Ætheling	*4 normann.* Könige — Wilhelm I. / Wilhelm II. / Heinrich I. / Stephan / (Mathilde)
1154	Heinrich II. Kurzmantel	
1189	Richard I. Löwenherz	
1199	Johann Ohneland	
1216	Heinrich III.	*8 Könige aus dem*
1272	Eduard I.	*Haus Anjou-Plantagenet*
1307	Eduard II.	
1327	Eduard III.	
1377	Richard II.	
1399	Heinrich IV.	
1413	Heinrich V.	*3 Könige aus dem Haus Lancaster*
1422	Heinrich VI.	
1461	Eduard IV.	
1483	Eduard V.	*3 Könige aus dem Haus York*
1483	Richard III.	
1485	Heinrich VII.	
1509	Heinrich VIII.	*3 Könige aus dem Haus Tudor*
1547	Eduard VI.	
1553	(Jane)	

Tabelle 13: Die englischen Könige von 774-1553, 1066-1154 rechts (Wilhelm I. - Mathilde)

110

Die Eroberung Englands durch die Normannen unter Wilhelm I. den Eroberer im Jahre 1066 stellte eine Zäsur für England dar. Mit ihr endete die Vorherrschaft der angelsächsischen Adligen. Sprachlich beginnt hier nach offizieller Geschichte der starke Einfluss der französischen Sprache, da die skandinavische Führungsschicht der Normannen französisch sprach. Die ab 1154 nachfolgende Dynastie Anjou-Plantagenet war dann tatsächlich französischstämmig. Die Häuser Lancaster und York waren deren Nebenlinien. 1485 kam dann das walisische Geschlecht Tudor auf den Königsthron.

Streichen wir die Zeit der normannischen Dynastie von 1066-1154 heraus (bei Fomenkos Vergleich entspricht diese Zeit dem Zeitraum der Besetzung Konstantinopels durch die Kreuzfahrer und des Exils der oströmischen Kaiser in Nikäa), so erkennen wir: Ab Eduard dem Älteren (899-924) trägt jeder 7. König den Namen Eduard, bis zu Eduard IV. (1461-1483). Zwei der ersten beiden Könige mit Namen Eduard (Eduard der Märtyrer und Eduard der Bekenner) waren sehr religiöse Regenten und werden als Heilige verehrt. Aus diesem Grunde ist die Dominanz dieses Namens nicht überraschend, wie auch in den Herrscherlisten Nord- und vor allem Osteuropas in den folgenden Kapiteln gezeigt wird.

Abb. 31: Siegel von König Eduard dem Bekenner (1004-1066). Eduard trägt hier den griechischen Titel "Basileus" (König/Kaiser) wie die byzantinischen Kaiser, und nicht den lateinischen Titel "Rex" (König) wie sonst in Westeuropa üblich.

Auffällig ist auch die Strukturierung der Königsdynastien. Natürlich ist die Wahl von Offa von Mercia am Anfang nicht zwingend – dies ändert aber nichts an der nachfolgenden klaren Strukturierung. Bis 1399 sind Achter- und Vierer-Blöcke bei der Anzahl der Könige der jeweiligen Dynastien zu erkennen, so z.B. 4 dänische Könige und 4 angelsächsische Könige in der Zeit nach dem ersten dänischen König bis zur normannischen Eroberung 1066 - also insgesamt 8. Dann folgen wieder 4 Könige bis 1154 aus der normannischen Dynastie. Setzt man den wichtigen König Offa an den Anfang, so sind es davor 2 x 8 Könige bis zum ersten dänischen König Sven Gabelbart 1013, und 8 Könige nach 1154 aus der Dynastie Anjou-Plantagenet. Ab 1399 folgen je 3 Könige aus dem Dynastien Lancaster, York und Tudor 1553.

Ein auffälliges, kleines Namenssystem gibt es in England in den 337 Jahren von 1216-1553, bzw. 354 Jahren von 1199-1553, eingerahmt von Johann(a), wie im HRR Ludwig und in Frankreich Karl das System einrahmen.

1199	Johann
1216	Heinrich 3 x Eduard Richard 3 x Heinrich
	2 x Eduard Richard 2 x Heinrich Eduard
1553	Johanna (Jane)

Tabelle 14: Das englische System der Könige von 1199-1553

Eine "Komposition" aus Heinrich (erster, sowie 3 x und 2 x), Eduard (letzter, sowie 3 x und 2 x) und Richard (jeweils zwischen den Eduards und Heinrichs).

Die weitere Analyse der Königsnamen, der Herrschaftszeiten und der Dynastien bringt eine weitere Systematik zum Vorschein. So haben die ersten beiden Könige mit Namen Heinrich jeweils eine identische Regierungszeit von 35 Jahren. Drei der vier Dynastien nach 1154, nach der Zeit der Normannen, beginnen jeweils mit einem König Heinrich. Die jeweils aufeinanderfolgenden Könige mit Namen Heinrich aus dem Haus Lancaster und aus dem Haus Tudor haben auch eine identische Herrschaftszeit von 62 Jahren. Ihnen folgen jeweils Könige mit Namen Eduard.

Auffällig ist ebenfalls die zweimalige Sequenz Heinrich => Eduard => Richard von Königen aus den Häusern Anjou-Plantagenet und Lancaster/ York. Auch hier sind also Regelmäßigkeiten und Muster vorhanden, die es bei einem normalen Ablauf der Geschichte, wie etwa in der Neuzeit, nicht geben dürfte.

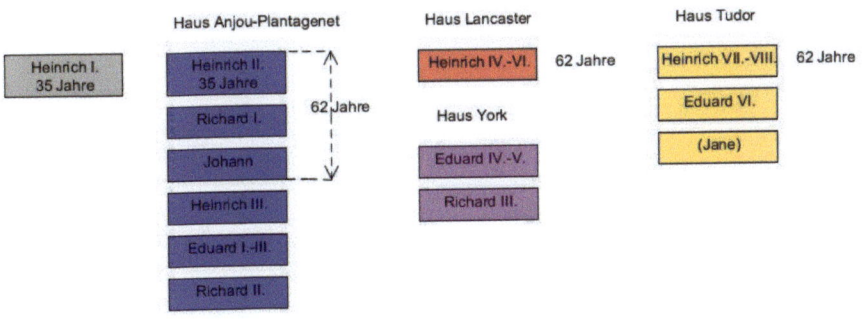

Grafik 11: Die wohlstrukturierte Anordnung der Dynastien in einer anderen Darstellung. Man erkennt die Heinriche jeweils zu Beginn mit identischen Regierungszeiten von 35 bzw. 62 Jahren.

Der Zeitraum der offensichtlichen Konstruktion der Königsnamen und der herrschenden Dynastien kommt den Ergebnissen von E. Johnson [Johnson 1894 und 1904] sehr nahe. Johnsons Forschungen hatten ergeben, dass die englische Geschichte bis in die Zeit von König Heinrich VIII. (1491-1547) gefälscht sein muss. Den Zeitraum von etwa 700-1400, also fast das gesamte Mittelalter, sah er als eine spätere Erfindung christlicher Chronisten und Geschichtsschreiber an, gefüllt mit fiktiven Personen und Ereignissen. Die Schriften, die dieser Zeit zugeordnet werden (etwa des Geschichtsschreibers Beda Venerabilis oder Geoffrey Chaucers, des "Vaters der englischen Literatur"), entstanden nach Johnson erst in der Tudor-Zeit im 16. Jahrhundert.

Auch erst in der Tudor-Zeit wurde der Name des Sagenkönigs Arthur (auch Artus genannt) in den Königshäusern vergeben. Das erinnert sehr an das lange Fehlen des Namens Karl nach Karl dem

Großen und den Karolingern in Frankreich und Deutschland und das späte Wiederauftauchen im 13. Jahrhundert in Frankreich und im 14. Jahrhundert in Deutschland.

1486 wurde Arthur Tudor als Sohn des ersten Tudor-Königs Heinrich VII. geboren und sollte einmal als Arthur II. den englischen Thron besteigen. Er wäre der zweite Arthur nach dem Sagenkönig gewesen, der am Ende der Römerzeit und zu Beginn der angelsächsischen Einwanderung verortet wird, also im 5. Jahrhundert u.Z. Für Arthurs Geburt wurde sogar die Stadt Winchester ausgewählt, das mit Camelot, dem Sitz des mythischen Königs gleichgesetzt wurde. Jedoch starb Arthur plötzlich im Alter von 15 Jahren, so dass sein jüngerer Bruder Heinrich später als Heinrich VIII. König wurde.

Abb. 32: Arthur Tudor im Alter von 14 Jahren

Im schottischen Königshaus Stuart wurde als Sohn von König Jakob IV. 1509 ebenfalls ein Arthur geboren, der jedoch schon im Jahr nach der Geburt verstarb. Auch der Sohn des schottischen Königs Jakob V., der ebenso den Namen Arthur trug, starb kurz nach seiner Geburt 1541.

Da somit mehrere als Thronfolger vorgesehene Arthurs recht früh starben, konnte sich offensichtlich der Name des mythischen Königs nicht in den Königsdynastien etablieren, so wie es etwa mit dem Namen Karl in Frankreich und Deutschland geschah. Dadurch wurden dann in England und Schottland andere Namen tatsächlicher Könige wichtiger, und der Name Arthur konnte nie dieselbe Dominanz erringen wie der Name Karl.

Zurück zu E. Johnson. Johnson war darüber hinaus ein radikaler Kirchenkritiker. Alle frühchristlichen Schriften inklusive der Bibel sind nach seinen Forschungen erst in der Zeit um 1500 und später entstanden, und damit auch das Christentum. In der Tat wurde von der katholischen Kirche erst auf dem Konzil von Trient (1545-1563) der lateinische Text der Bibelversion "Vulgata" als verbindlicher Bibeltext bestimmt. Dieser Bibeltext soll nach offizieller Geschichte in der Zeit um 400 entstanden sein, also über 1100 Jahre zuvor. Als Verfasser wird Hieronymus (347-420) genannt, der den griechischen Text des Alten Testaments ins Lateinische übersetzt und für das Neue Testament eine ältere Übersetzung überarbeitet haben soll. "Hieronymus" (Ἰερώνυμος) ist griechisch und bedeutet "Heiliger Name". Das ist in der Tat ein passender Name für den Verfasser der Heiligen Schrift!

Das englische Frühmittelalter

Die auffällige Strukturierung der Anordnung der Königsnamen ("das wohlstrukturierte Mittelalter") betrifft in erster Linie das Hochmittelalter der Zeit vom 10.-14. Jahrhundert, mit teilweisen Erweiterungen der Namenssysteme in die Jahrhunderte davor oder in die Jahrhunderte danach. Hier soll nun für England ein kleiner Ausflug ins Frühmittelalter unternommen werden, in die Zeit der Sieben Reiche (Heptarchie = griechisch für "Siebenherrschaft").

Dies waren die angelsächsischen Kleinkönigreiche, die nach offizieller Geschichte im 5./6. Jahrhundert entstanden, nachdem die Römer abgezogen und die Angeln und Sachsen zugezogen waren. Die wichtigsten waren:

- Essex (Ostsachsen)
- Sussex (Südsachsen)
- Wessex (Westsachsen)
- Kent
- East Anglia
- Mercia
- Northumbria

Abb. 33: Eine Penny-Münze von König Offa von Mercia

115

Unter König Offa (757-796) war Mercia dominierend. König Egbert (802-839) machte dann Wessex zum führenden Königreich. Mitte des 10. Jahrhunderts lösten sich dann die letzten Kleinkönigreiche auf, so dass England seit dieser Zeit endgültig unter einem König vereint war. Die Namen stehen in Tabelle 14.

Interessanterweise haben die Namen der Könige von Wessex, Kent und   Essex jeweils typische Anfangsbuchstaben. Einigen Lesern wird sicher schon aufgefallen sein, dass in Tabelle 14 die angelsächsischen Königsnamen nach Offa alle entweder mit Æ, E oder A beginnen (Alfred wird auch Ælfred geschrieben). Dies sind alles Könige von Wessex bzw. später Gesamt-England.

Die typischen Anfangsbuchstaben der Könige von Wessex sind also Æ und E. Dies gilt allerdings erst ab König Egbert (802) – und auffälligerweise ist gerade ab dieser Zeit das Königreich Wessex dominant in England. Von 519-645 tragen die Könige von Wessex alle den Anfangsbuchstaben C (Cerdic, Cynric, Ceawlin, Ceol, Ceolwulf, Cynegils, Cwichelm, Cenwalh). In der Zeit von 645-802 beginnen die Königsnamen abwechselnd mit C bzw. S und Æ, mit wenigen Ausnahmen mit anderen Anfangsbuchstaben – sozusagen eine "Übergangsphase".

Im Königreich Kent sind ebenfalls die Anfangsbuchstaben Æ, E und A dominant, jedoch nicht so ausschließlich wie in Wessex. Von 540-673 beginnen alle Königsnamen mit einem Æ oder einem E (Eormenric, Æðelberht I, Eadbald, Æðelwald, Eorcenberht, Eormenred, Ecgberht I). Von 725-871 sind es immerhin die Namen von 14 von 20 Königen, die mit mit (H)Æ, E oder A beginnen. Drei weitere in dieser Zeit beginnen mit einem C, was ja auch für die Anfangszeit von Wessex typisch war.

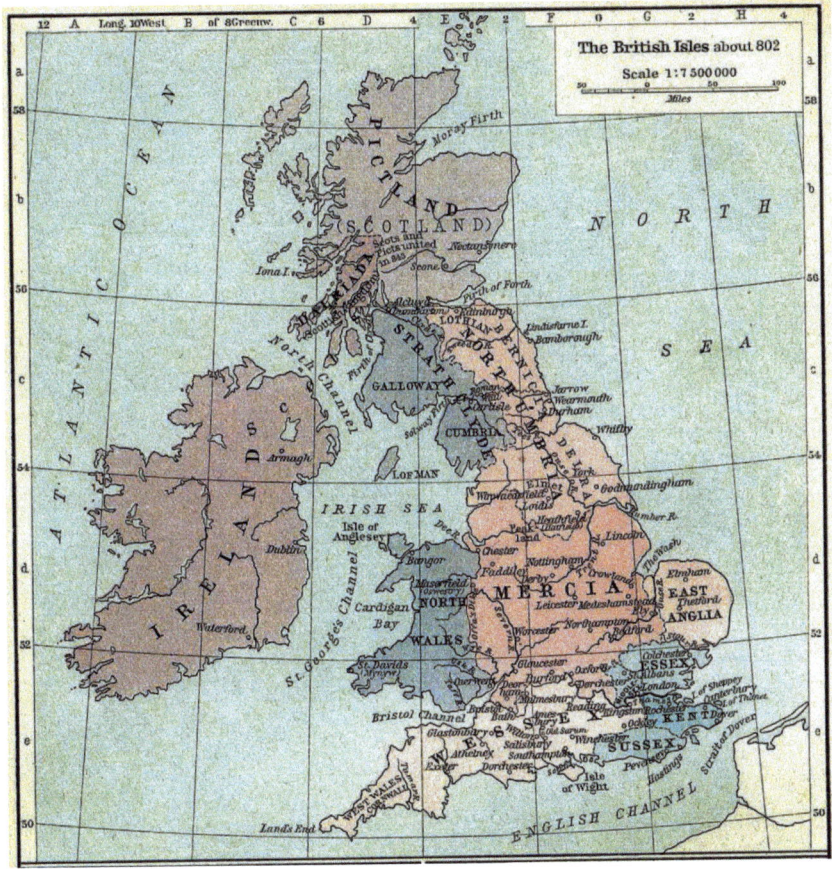

Abb. 34: Die sieben englischen Kleinkönigreiche um 802

In der Geschichte von Essex beginnen alle Königsnamen mit einem S, außer bei zwei Königen, dem ersten mit Namen Aescwine (527-587) und Offa (709). Die anderen Könige von Essex von 587-825 hießen Sledda, Saebert, Sexred, Saeward, Sigeberht the Little, Sigeberht the Good, Swithelm,   Sighere, Sebbi, Sigeheard, Swaefred, Saelred, Swaefbert, Swithred, Sigeric und Sigered.

Dies mit Zufall erklären zu wollen, wäre wohl absurd. Auch geht aus keiner Quelle hervor, dass man die Nachfolger auf dem Königsthron jeweils nach den Anfangsbuchstaben ihres Namens ausgewählt hätte. Dies ist auch aus keinem anderen Land bekannt. Die einzig mögliche Erklärung ist, dass man Geschichte erfunden und konstruiert hat. Auch hier liefern die erkannten Regelmäßigkeiten einen klaren Indizienbeweis.

Nach offizieller Geschichte wurde Britannien bereits zur Römerzeit christianisiert. Als die Römer Anfang des 5. Jahrhunderts die Insel verließen und die heidnischen Angeln und Sachsen einwanderten, blieben nur die in die westlichen Randgebiete verdrängten Kelten christlich. Das jetzt angelsächsische Britannien wurde dann ein zweites Mal christianisiert, von der Papstkirche in Rom. Im Zusammenhang mit der Etablierung des Christentums in den einzelnen angelsächsischen Kleinkönigreichen gibt es weitere Auffälligkeiten. Dies betrifft die Platzierung der ersten christlichen Könige innerhalb der Reihe aller Könige.

So ist in Kent Æthelberht I. der erste König, der getauft wurde (597), nachdem er bereits zuvor eine christliche Mission durch Augustinus († 604), den späteren ersten Erzbischof von Canterbury, zugelassen hatte. Augustinus wurde von Papst Gregor I. gesandt und gilt heute als "Apostel der Angelsachsen". Der Erzbischof von Canterbury ist heute noch das Oberhaupt der anglikanischen Kirche.

Æthelberht I. wird auch "Saint Albert" genannt und als Heiliger verehrt. Belegt ist seine Verehrung allerdings erst seit dem 13. Jahrhundert. Er war der 6. König von Kent.

Auch in Wessex war der 6. König der erste christliche. Unter Cynegils († um 642) fand eine christliche Mission durch Papst Honorius statt. 635 ließ sich Cynegils taufen.

In Mercia war es ebenfalls der 6. König, der sich als erster taufen ließ. Peada († 656), ein Unterkönig im Süden Mercias, war der erste christliche König.

Essex und East Anglia haben Gemeinsamkeiten anderer Art. Der erste getaufte König von Essex war Sæberht (604). Danach soll aber das

Land wieder ins Heidentum zurückgefallen sein. Dauerhaft hat sich das Christentum in Essex erst unter König Sigeberht II. († um 660) etabliert. Er wird auch Sigeberht der Heilige genannt und ist der 7. König in der Reihe der Könige von Essex.

In East Anglia ließ sich Rædwald († um 620) als erster König taufen. Auch hier fiel das Land nach seinem Tod wieder ins Heidentum zurück. Genau wie in Essex ist es auch in East Anglia der 7. König, der das Christentum dauerhaft durchsetzte. Er trägt sogar denselben Namen Sigeberht († um 640) und wird ebenfalls als Sigeberht der Heilige verehrt.

Hier hat man ganz offensichtlich zwei Schablonen als Vorlagen genommen, an denen man sich beim Schreiben der einzelnen Geschichten der Kleinkönigreiche orientiert hat. Nur Sussex und Northumbria weichen von diesen Schemata ab.

Das System der Namen der russischen Großfürsten und Zaren in den 862 Jahren nach 862 AD

Das System

Auch in der Geschichte Russlands wiederholen sich die Namen der Herrscher (Großfürsten, ab 16. Jahrhundert Zaren genannt) in wohlstrukturierter Weise. Die gesamte Geschichte seit dem Dynastiegründer Rurik (862), und insbesondere seit der Christianisierung durch Wladimir I. (980-1015) bis zu Peter I. (1682-1725) ist ganz offensichtlich konstruiert.

Abb 35: Rurik, der Gründer des altrussischen Staates (Rus) auf einer Münze (2011)

In der Geschichte der Rus und Russlands verschiebt sich der Schwerpunkt der Macht seit Großfürst Wladimir I. von Kiew über Wladimir-Susdal nach Moskau, verdeutlicht durch den Wechsel des Großfürsten-Titels von Kiew nach Wladimir, und von Wladimir nach Moskau. Es ist somit angebracht, die Namensabfolge der Großfürsten und Zaren in dieser Reihenfolge zu analysieren.

Die so definierten Abschnitte der russischen Geschichte beginnen jeweils mit dem ersten Träger eines Namens, und enden mit einem weiteren Träger dieses Namens, von 980-1328 mit dem jeweils zweiten. Zwischen dem ersten und letzten Namensträger liegen immer jeweils genau 7 andere Großfürsten bzw. Zaren.

Auch hier werden alle Regenten nur einmal aufgeführt, und zwar in der Reihenfolge des ersten Antritts der Herrschaft. Dies trifft analog auch für die nachfolgenden Länder zu.

862	heidnisches Reich	Rurik Oleg Igor I. Olga Swjatoslaw I. Jaropolk I.
980	**A)** Kiew	**Wladimir** I. der Große Swjatopolk I. Jaroslaw I. Isjaslaw I. Wseslaw von Polotsk Swjatoslaw II. Wsewolod I. Swjatopolk II. **Wladimir** II. Monomach
1125		**Mstislaw** I. der Große Jaroplok II. Wsewold II. Igor II. Isjaslaw II. Juri Dolgoruki Isjaslaw III. Rostislaw **Mstislaw** II.
1169	**B)** Wladimir	**Andrei** (I.) Bogoljubski Michail Jurjewitsch Wsewolod III. Konstantin Juri II. Jaroslaw II. Swjatoslaw III. Michail Chorobrit **Andrei** (II.) Jaroslawitsch

1252		**Alexander** (I.) Newski Jaroslaw III. Wassili Dimitri I. Andrei II. Michail Juri I. Dimitri II. **Alexander** (II.) von Twer
1328	**C) Moskau**	**Iwan** I. Simeon Iwan II. Dmitri I. Donskoi Wassili I. Wassili II. Iwan III. Wassili III. **Iwan** IV.
1584		**Fjodor** I. Boris Godunow Fjodor II. Dimitri II. Wassili IV. Wladyslaw IV. Wasa Michael I. Alexei I. **Fjodor** III.
1682	Sankt Petersburg	Peter I.
1725		Tod von Peter I., **862** Jahre nach Rurik

Tabelle 15: Das System der russischen (Groß-)Fürsten und Zaren von 862-1725

Analyse der einzelnen Abschnitte

Teil A umfasst die 2 Abschnitte, während derer die Großfürsten von Kiew die Vormachtstellung auf dem Gebiet des heutigen Russlands und der Ostukraine hatten. Der 1. Abschnitt davon (Wladimir I.-II.) ist durch eine starke Zentralmacht gekennzeichnet. Im 2. Abschnitt zerfällt das Großfürstentum.

Abb. 36: Der Nationalheld Alexander Newski (1220-1263) schlug zwar die Kreuzritter und die Schweden, wurde aber Vasall des mongolischen Khans Batu

Teil B beginnt mit Andrei Bogoljubski, Fürst von Waldimir-Susdal und Großfürst von Kiew. Unter ihm wird die Stadt Wladimir zum Zentrum der Kiewer Rus, und zum Sitz des Großfürsten. Andrei Bogoljubski hatte auch vor, den Sitz des Metropoliten von Kiew nach Wladimir zu verlegen. Dies stieß jedoch auf Widerstand des Patriarchen von Konstantinopel. Die Verlegung des Metropolitensitzes erfolgte auch zu Beginn von Teil C. Zum Ende des 1. Abschnitts endet die Kiewer Rus praktisch mit der Zerstörung durch die Mongolen 1240. Im 2. Abschnitt wird ab Alexander Newski, ab 1236 Fürst von Nowgorod, die sogenannte Mongolenherrschaft über Russland konsolidiert.

Abb. 37: Unter dem ersten zum Zaren gekrön-ten Großfürsten Iwan IV. ("der Schreckliche", 1530-1584) wurden die Tataren endgültig besiegt und die Expansion nach Sibirien begann

Zu Beginn von **Teil C** erfolgt mit Iwan I., Fürst von Moskau und Großfürst von Wladimir, die Machtverlagerung von Wladimir nach Moskau. Neben dem Großfürsten verlegt auch der Metropolit seinen Sitz

von Wladimir nach Moskau. Im 1. Abschnitt erfolgt eine deutliche Ausdehnung des Gebietes des Großfürstentums Moskaus, die vom Sieg über die Mongolen und Tataren begleitet war. Der 2. Abschnitt ist von Wirren und vom Dynastiewechsel gekennzeichnet. Er beginnt mit Fjodor I., dem letzten Rurikiden. In ihm erscheinen die ersten Romanows, die Dynastie Peters I., mit dem es nach dem Ende von Teil C weitergeht. Die Romanows bleiben bis 1917, dem Ende der Monarchie in Russland, auf dem Zarenthron.

In den 702 Jahren von 980-1682 herrschen insgesamt 54 (6 x 9) Groß-fürsten und Zaren, jeweils in den oben beschriebenen Machtzentren (Darüber hinaus gibt es natürlich noch weitere Fürsten).

Teil C ist praktisch genauso lang wie die Teile A und B zusammen. Teil C von 1328-1682 umfasst 354 Jahre, die Teile A und B von 980-1328 348 Jahre. Bei einem Herrschaftsantritt von Wladimir I. im Jahre 974 wären es ebenfalls genau 354 Jahre. Er wurde nach offizieller Geschichte 972 Fürst von Nowgorod, und 980 nach dem Tod seines Bruders Jaropolk Großfürst von Kiew.

Es fällt weiterhin auf, dass sich die Ziffern **862** bei Rurik mit **1682** bei Peter I. wiederholen.

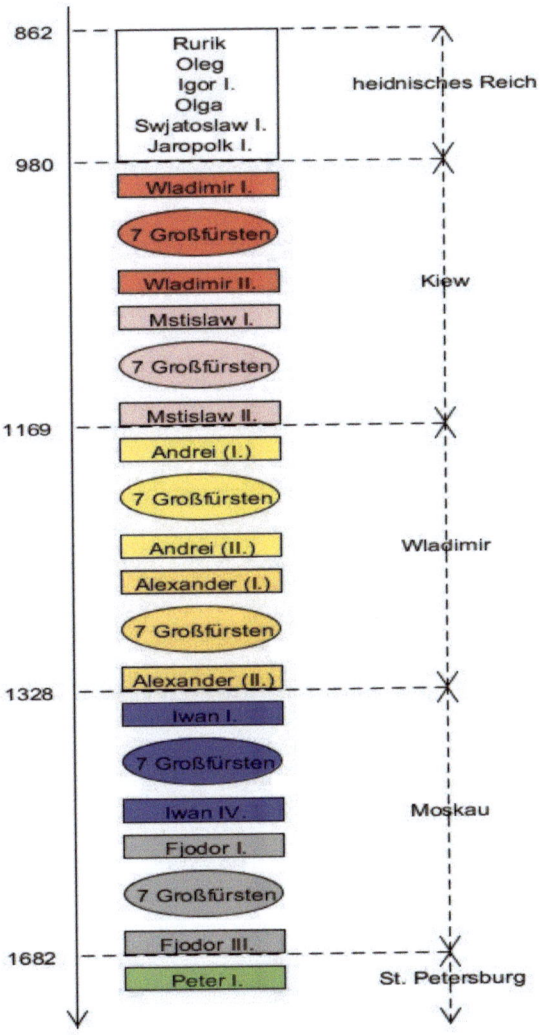

Grafik 13: Das System der Namen der russischen Großfürsten und Zaren in den 862 Jahren nach 862 AD

Analyse der Namen der Großfürsten

Bei den Namen zu Beginn kann man eine Wiederholung feststellen. Vor Wladimir I. herrschen Swjato-slaw und Jaro-polk. Nach ihm sind es Swjato-polk und Jaro-slaw.

Der 1. Name dieser Reihe, Swjatoslaw, ist außerdem nichts anderes als eine Mischung der vorangegangenen Namen:

Rurik (altnordisch: Hrörekr), von german. Hrod- = Ruhm (und -ric =mächtig, reich), sowie Oleg und Olga (altnordisch: Helgi), von german. helg- = heilig, gesund.

Die gleiche Bedeutung haben слава (Ruhm) und святой (heilig), aus denen sich Swjatoslaw zusammensetzt (Igor = Ingwar = geschützt vom höchsten Gott Yngwi).

Im Teil C fällt auf, dass sowohl im 1. als auch im 2. Abschnitt der 3. Herrscher jeweils den gleichen Namen hat wie der 1. (Iwan bzw. Fjodor), und der 4. und 5. Herrscher jeweils den gleichen Namen haben (Dimitri und Wassili).

Von der Herkunft der Namen der Großfürsten und Zaren her ist es interessant zu sehen, dass griechische Namen praktisch erst ab dem 13. Jh. in nennenswerter Zahl anzutreffen sind, obwohl doch bereits seit der Jahrtausendwende enge Beziehungen zum Oströmischen Reich bestanden haben sollen, und auch kirchlich der Metropolit von Kiew (später Wladimir und Moskau) dem Patriarchen von Konstantinopel unterstand. Die 3 einzigen Ausnahmen vor 1200 sind Juri (= Georg) Dolgoruki (1149-1157), der legendäre Gründer Moskaus, und dessen Söhne Andrei Bogoljubski und Michail.

Ab Alexander Newski (1252) tragen so gut wie alle russischen Großfürsten und Zaren (slawisierte) griechische Namen, mit lediglich 3 Ausnahmen.

Pars pro toto

Die 6 Fürstennamen vor Wladimir I. ab Rurik 862 kann man auch als Entsprechung der 6 Abschnitte von 980-1682 sehen. Bei dreien davon ist die Übereinstimmung verblüffend eindeutig: Rurik, der Begründer der nach ihm benannten Dynastie, die über 700 Jahre lang die (Groß-)Fürsten und Zaren stellen sollte, entspricht dem 1. Abschnitt mit der Christianisierung. Beides ist ein Neubeginn.

Swjatoslaw, der fünfte, erobert das mächtige **Kasaren**-Khanat (969). Im 5. Abschnitt, ca. 500-600 Jahre später (Iwan I.-IV.), wird die Mongolenherrschaft beendet und das Tataren-Khanat **Kasan** erobert (1552), der Nachfolgestaat der mongolischen "Goldenen Horde", genau 1000 Jahre nach der Schlacht am Mons Lactarius bei Neapel, als die Römer die Ostgoten besiegten, und damit das Ostgotenreich und die Gotenkriege beendeten.

Unter Jaropolk, dem sechsten, beginnt ein Bruderkrieg mit Oleg, den er zwar gewann, aber dann doch die Macht an Wladimir verlor. Im 6. Abschnitt (Fjodor I.-III.) endet die Rurikidendynastie, die Polen besetzen vorübergehend Moskau, und die Romanows werden Zaren.

In 6 Tagen schuf Gott bekanntlich die Welt. Mit diesen 6 Fürsten vor der Christianisierung, den 54 in den beschriebenen 6 Abschnitten vor Peter I., und Peter I. selbst direkt danach, sind es genau 61.

So ergibt sich ein geschlossenes Bild, denn von **862** (Rurik) bis zum Tod von Peter I., Anfang 1725, vergehen genau **862** Jahre.

Die Struktur der Namen der Herrscher
Ost- und Nordeuropas im Mittelalter

Einleitung

Im Folgenden werden die Namenssysteme der Herrscher der anderen Reiche Ost- und Nordeuropas zusammen behandelt. Das hat einen sehr guten Grund, denn alle weisen dasselbe zugrundeliegende Muster auf, das in Russland in Reinform - ohne Ausnahmen - zu beobachten ist. Detailliert beschrieben wird es im Anschluss an die Behandlung der einzelnen Länder.

Ungarn

Genauso wie in Russland gibt es vor dem ersten christlichen Herrscher, Stephan I., sechs heidnische Regenten. Allerdings ist hier die Quellenlage widersprüchlich. Ab Stephan I. folgen drei Blöcke mit je sieben Königen bis 1272, in denen jeweils der erste und letzte Name gleich sind. Einzige Ausnahme ist am Ende des 1. Blocks Geza I. (1074-1077, getauft Magnus), der anstelle eines Königs Stephan erscheint. Die Leitnamen des 1. und 3. Blocks sind die gleichen und identisch mit dem Namen des ersten christlichen Herrschers.

Nach dem wohlstrukturierten Mittelalter endet mit Ladislaus IV. die Arpaden-Dynastie in direkter Linie. Die nachfolgenden Könige kamen aus dem Ausland. Gekrönt wurde nach Ladislaus IV. Karl Martell aus dem Haus Anjou, Enkel von König Stephan V. Nach offizieller Geschichte wählten die ungarischen Adligen aber zunächst andere Ausländer zum König. Zunächst war es Andreas III., „der Venezianer", dann Wenzel III. aus Böhmen. Erst danach kam der Sohn von Karl Martell auf den ungarischen Thron. Er war seit 1301 als Karl I. König von Ungarn, gefolgt von seinem Sohn Ludwig I. Ludwig ist von 1370-1382 auch König von Polen.

858	Almos Arpad Zoltan Fajsc Taksony Geza
997	**Stephan** I. Peter Orseolo Samuel Aba Andreas I. Bela I. Salomon (Geza I.)
	Ladislaus I. Koloman Stephan II. Bela II. Geza II. Stephan III. **Ladislaus** II.
	Stephan IV. Bela III. Emmerich Ladislaus III. Andreas II. Bela IV. **Stephan** V.
1272	Ladislaus IV. und Anarchie

Tabelle 16: Die Struktur der Könige Ungarns im Mittelalter

Polen

Auch bei den polnischen Herrschernamen (Herzöge und Seniorher-zöge) werden, wie in Russland und Ungarn, sechs heidnische Regen-ten vor dem ersten christlichen Herrscher Mieszko I. (960) genannt. Diese werden heute zumeist als legendär angesehen. Ab Mieszko I. gibt es drei Blöcke mit je fünf Herzögen. In diesen Fünfer-Blöcken haben jeweils der 1., der 3. und der 5. Herzog den gleichen Namen. Im ersten und im dritten Block ist ebenso wie in Ungarn der Name des ersten christlichen Herrschers der Leitname.

Abb. 32: Stephan I. von Ungarn

Abb. 33: Die Taufe von Mieszko I. von Polen

Es gibt dabei drei Ausnahmen, genau eine in jedem Abschnitt und je-weils einen anderen Aspekt der Struktur betreffend:

1) Am Ende des 1. Blockes steht kein Mieszko, sondern Kasimir I. Über sein Leben ist wenig bekannt, und die Quellen sind wider-sprüchlich. Dieselbe Unregelmäßigkeit gibt es in Ungarn.
2) Der 2. Block enthält einen Seniorherzog zu viel, Zbigniew. Dieser war ein illegitimer Sohn des Königs.
3) Im 3. Block steht in der Mitte anstelle eines Mieszkos Leszek I.

Nach diesen drei Blöcken wird ab 1229 ganz offensichtlich das rö-misch-deutsche Königsmuster kopiert, mit einem Seniorherzog mit Namen Konrad zu Anfang, danach einem Heinrich, und am Ende (1288) wieder mit einem Heinrich.

Danach ist mit dem großen Erneuerer des Königtums, Przemyslaw, das wohlstrukturierte Mittelalter Polens zu Ende. Przemyslaw ist der erste König Polens seit 1079. Nach ihm tragen alle Herrscher den Titel „König". Von 1370-1382 ist der ungarische König Ludwig auch König von Polen.

	Lech Krak Popiel Siemowit Lestek Siemomysl
960	**Mieszko** I. Boleslaw I. **Mieszko** II. Bezprym (Kasimir I.)
	Boleslaw II. Wladislaw I. (Zbigniew) **Boleslaw** III. Wladislaw II. **Boleslaw** IV.
	Mieszko III. Kasimir II. Leszek I. Wladislaw III. **Mieszko** IV.
1229	Konrad Heinrich I. Heinrich II. Boleslaw V. Leszek II. Heinrich IV.
1290	Przemyslaw

Tabelle 17: **Die Struktur der Herrscher Polens im Mittelalter**

Die polnischen Könige hatten nachgewiesenermaßen die Geschichte ihres Landes systematisch gefälscht. Das wurde bereits vor 200 Jahren erkannt, anlässlich des endgültigen Verlustes von Polens Großmachtstellung und den Polnischen Teilungen, die die Existenz des polnischen Staates 1795 beendeten. Dabei wurde fast alles vor dem 10. Jh. gestrichen [Heinsohn 2003]. Inwieweit dabei auch die nachfolgende Geschichtsschreibung verändert wurde, bleibt noch zu untersuchen. Dies würde aber die drei Ausnahmen erklären.

Ungarn und Polen eint, dass jeweils der Anfangsname des 1. Blocks und der Anfangs- und Endname des 3. Blocks identisch sind, der auch der Name des ersten christlichen Herrschers ist.

Beide Länder wurden im Spätmittelalter zeitweise vom selben König regiert, u.a. im 14. Jh. vom Anjou-König Ludwig.

Die Konstruktion der Geschichte bis zum Ende des 13. Jh. diente der Identitätsstiftung der Reiche unter den Herrschern aus dem Ausland. In Ungarn waren das nach offizieller Geschichte ab Beginn des 14. Jh. die Premysliden (aus Böhmen), die Häuser Anjou, Wittelsbach, Luxemburg und Habsburg, später die Jagiellonen (aus Litauen). In Polen waren es nach offizieller Geschichte zu Beginn des 14. Jh. die Premysliden (aus Böhmen), später ab 1370 dann die Anjous und die Jagiellonen (aus Litauen).

Die Herrscher davor stammten aber in Ungarn angeblich alle aus Ungarn (Arpaden-Dynastie) und in Polen angeblich alle aus Polen (Piasten-Dynastie)! Kurios nicht wahr? Dasselbe Muster gibt es auch in Deutschland, wo alle Herrscher vor dem 13. Jh. aus Sachsen, Franken und Schwaben stammen, danach aber eher selten!

Es waren einmal 31 Könige mit 13 Namen in 403 Jahren.
Und wenn sie nicht gestorben sind, dann leben sie noch heute. Amen!

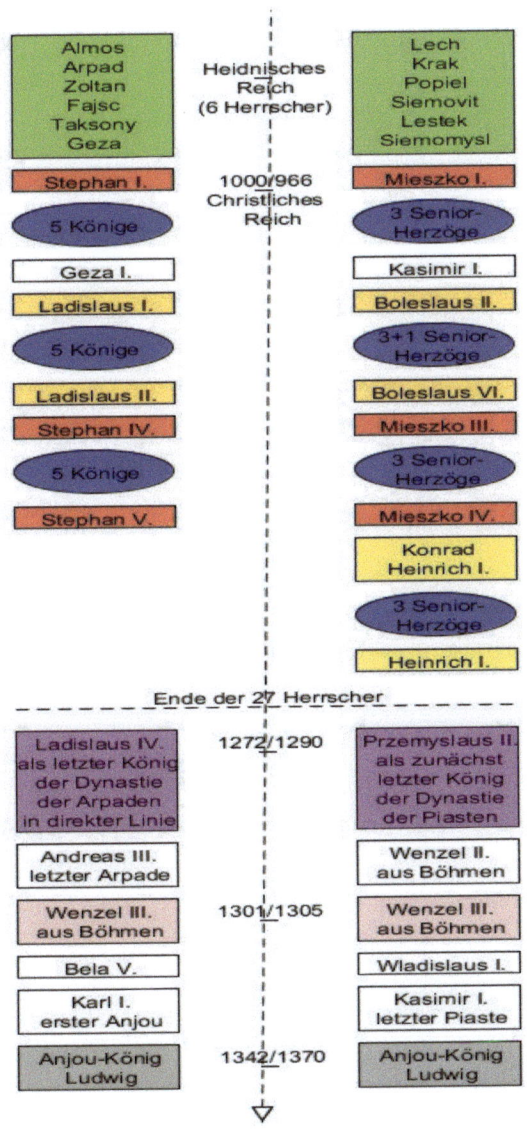

Grafik 14: Gemeinsamkeiten der Namenssysteme in Ungarn und Polen

Norwegen

Auch in Norwegen herrschen vor dem ersten christlichen König Olav I. (995-1000) sechs heidnische Regenten. Ab Olav I. gibt es vier Blöcke mit je sieben Königen, in denen jeweils der erste und letzte Name identisch sind. Zwischen dem 2. und 3. Block gibt es mit der Verdopplung der Namen Magnus und Olav eine Unregelmäßigkeit.

Nach Hakon III. beginnt im Jahre 1204 ein Bürgerkrieg, der bis 1217 dauert, verbunden mit einem Dynastiewechsel. In dieser Zeit herrschen vier Könige unregelmäßig. Danach folgt noch ein Siebener-Block, der mit einem König Hakon beginnt und endet.

Weiterhin fällt auf, dass sich die Anzahl der Könige zwischen den Königen mit Namen Hakon seit Hakon II. (1159) jeweils um 1 verringert. Zwischen Hakon II. und Hakon III. sind es 5 Könige, zwischen Hakon III. und Hakon IV. 4, und zwischen Hakon IV. und Hakon V. (bis 1319) 3 Könige mit anderen Namen.

Das wohlstrukturierte Mittelalter endet in Norwegen mit der Union mit Dänemark im Jahre 1380. Diese dauert bis 1814.

Tabelle 18: Die Struktur der Königsnamen Norwegens

870	Harald Schönhaar
	Erik I.
	Hakon I.
	Harald II.
	Harald Blauzahn
	Sven Gabelbart

995	**Olav** I.
	Olav II.
	Knut II.
	Magnus I.
	Harald III.
	Magnus II.
bis 1093	**Olav** III.
	Magnus III.
	Olav
1103	**Öystein** I.
	Sigurd I.
	Magnus IV.
	Harald IV.
	Sigurd II.
	Inge
bis 1157	**Öystein** II.
1159	**Hakon** II.
	Magnus V.
	Öystein
	Sverre
	Jon
	Inge
	Hakon III.
1204 / Bürgerkrieg bis 1217	Guttorm Sigurdsson
	Erling Steinvegg
	Inge II. Bardsson
	Philipp Simonsson
1217	**Hakon** IV
	Skule Bardsson
	Magnus VI.
	Erik II.
	Hakon V.
	Magnus VII.
	Hakon VI.
1380	Union mit Dänemark

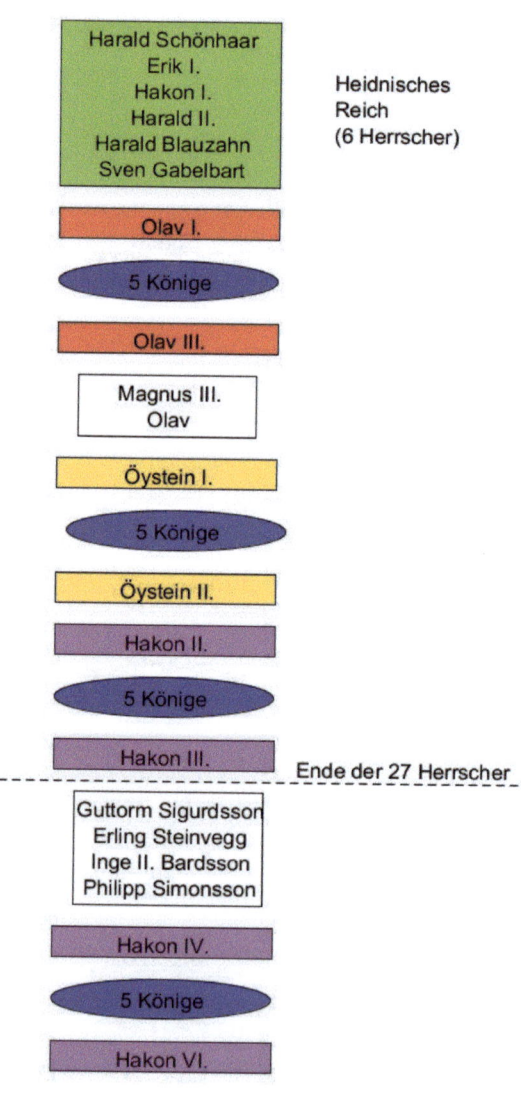

Grafik 15: Das Namenssystem Norwegens (weiß: die Ausnahmen)

Dänemark

Die Liste der Könige des Mittelalters beginnt mit Gorm dem Alten, dem ersten historisch belegten dänischen König.

In Dänemark gibt es drei Blöcke mit je acht Königen, in denen wie üblich der erste und der letzte Name identisch sind. Zwischen dem 2. und dem 3. Block befinden sich zwei Könige mit Namen Waldemar und Knut außer der Reihe, ähnlich wie in Norwegen. Diese Namen sind auch die Leitnamen des 2. und 3. Blockes. Auffällig ist auch das dreimalige Auftauchen des Namens Erik sowohl im 2. als auch im 3. Block in ähnlicher Anordnung.

Außerdem vergehen vom Beginn des 1. Blocks (Harald I.) bis zum Beginn des 2. Blocks (Knut IV.) ebenso 122 Jahre wie vom Beginn des 2. Blocks bis zum Beginn des 3. Blocks (Waldemar II.). 122 Jahre ist ein Zeitintervall, dass uns noch ausführlich im Kapitel über die "Wohlstrukturierte römische Antike" begegnen wird.

Das wohlstrukturierte Mittelalter Dänemarks endet 1332 mit einem Interregnum bis 1340. Danach regiert mit Waldemar IV. der letzte Waldemar, dem dann die Union mit Norwegen ab 1380 folgt. Diese dauert bis 1814.

Abb. 34: Königin Margarethe von Dänemark (1353-1412). Ihr politisches Ziel war ein skandinavisches Großreich. Unter ihr wurden ab 1380 Dänemark und Norwegen vereinigt (bis 1814). Ab 1388 regierte sie auch über Schweden – diese Einheit währte bis 1523.

936	Gorm der Alte
958	**Harald** I. Blauzahn Sven Gabelbart Harald II. Knut II. der Große Knut III. Magnus I. Sven Estridson **Harald** Hen
1080	**Knut** IV. Olaf I. Erik I. Niels Erik II. Erik III, Sven III. **Knut** V.
1157	Waldemar I. Knut VI.
1202	**Waldemar** II. Erik IV. Abel Christoph I. Erik V. Erik VI. Christoph II. **Waldemar** III.
1332	Interregnum
1380	Union mit Norwegen

Tabelle 19: Die Struktur der Königsnamen Dänemarks

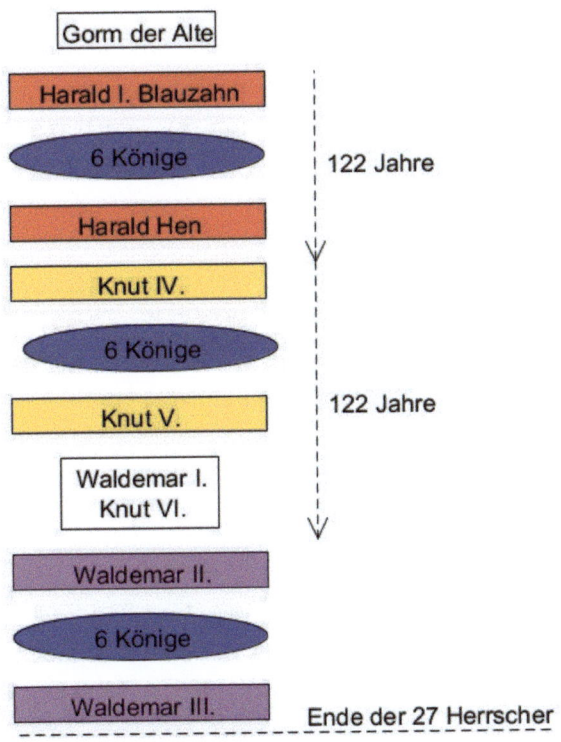

Grafik 16: Das Namenssystem Dänemarks (weiß: die Ausnahmen)

Schweden

Wie schon zu Beginn erwähnt, fehlt der Name "Karl" nicht nur im HRR und in Frankreich im Hochmittelalter in der beschriebenen Zeit, nein, auch in Dänemark, Schweden und Norwegen ist er recht dünn gesät. Es gibt vor dem 15. Jh. nur einen einzigen Karl als König, Karl **VII.** von Schweden (1156 – 1167).

Nun werden sich viele fragen: Warum König Karl VII., wenn er der Erste war?

Nun, die ersten sechs wurden bereits als Erfindungen "ausgemustert" [Illig 2004], was nicht heißt, dass der Rest wahr ist - im Gegenteil. Sie waren Erfindungen des schwedischen Historikers und Erzbischofs Johannes Magnus (1488-1544), der die schwedische Geschichte schrieb. 1554, wurde sein Werk "Historia de omnibus Gothorum Sveonomque regibus" herausgegeben, in Latein, auf Schwedisch erstmals 1620. Der Inhalt wurde seitdem vom schwedischen Staat als schwedische Geschichte angesehen. Die Korrektur erfolgte, als Schwedens Großmachtstellung Ende des 18. Jh. endgültig endete.

Der König von Schweden nannte sich aber noch bis 1973 "Suecorum, Gothorum et Vandalorum Rex" (König der Schweden, Goten und Vandalen).

Aufgrund der Überarbeitung der schwedischen Geschichte im 18. Jh. verwundert es nicht, dass es einige Unregelmäßigkeiten im ansonsten wohlstrukturierten Mittelalter Schwedens gibt. Es gibt eine Reihe von Blöcken mit je acht Herrschern (+/- 1), die klar abgegrenzt sind. Der erste Achter-Block endet vor König Inge I. (1080), der den zweiten einleitet. Inge soll die Christianisierung seines Volkes angeordnet haben. Der dritte Block mit acht Königen beginnt mit Erik IX., „dem Heiligen", der den letzten heidnischen Widerstand brach und damit das Christentum endgültig durchsetzte. Dieser dritte Block endet dann auch mit einem anderen Regenten mit Namen Erik. Danach folgt unregelmäßig ein König mit Namen Johann. Der vierte Block beginnt und endet wieder mit einem König Erik. Dann folgen unregelmäßig drei Könige zu Beginn der Union mit Dänemark und Norwegen (1389). Ein weiterer Block mit acht Regenten schließt sich an, beginnend und endend mit einem Erik. Bis zu Gustav Eriksson Wasa (1521) folgt dann noch ein Block mit sieben Regenten, mit einem Christian am Anfang und am Ende. Unter Gustav Eriksson Wasa tritt Schweden endgültig aus der Kalmarer Union aus, und Johannes Magnus schreibt die schwedische Geschichte.

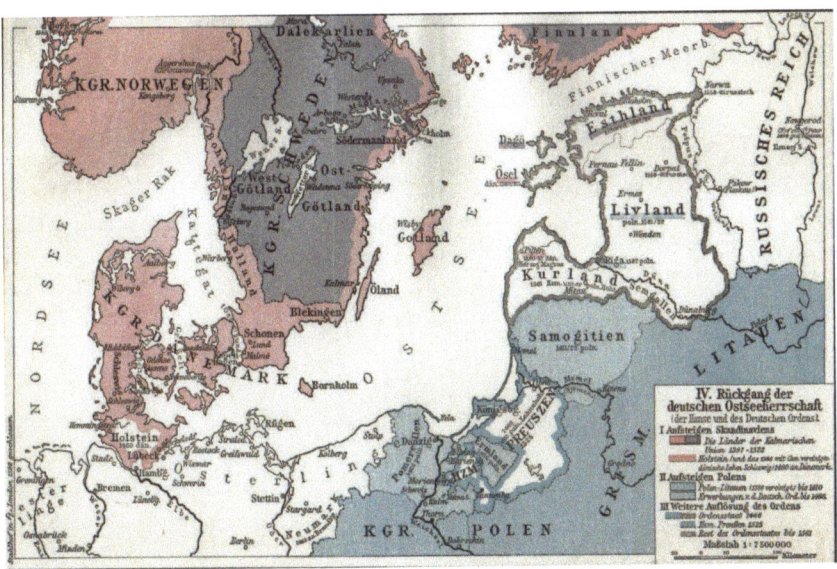

Abb. 35: Die Ostsee während der Kalmarer Union (1397-1523)

970	**Erik** VIII. Olof Anund Edmund Stenkil Halsten Anund Hakon
1080	Inge I. Sven Erik Philipp Inge II. Ragwald Magnus Sverker
	Erik IX. Magnus Karl VII. Kol Burislev Knut I. Sverker III. **Erik** X.
	Johann I.
	Erik XI. Knut II. Birger Jarl Valdemar Magnus I. Birger Mats Magnus II. **Erik** XII.
1389	Hakon VI. Albrecht Margarethe I. (Königin von Dänemark und Norwegen)

	Erik XIII.
	Engelbrecht
	Karl Knutson
	Christoph von Bayern
	Bengt
	Nils
	Jöns
	Erik Axelsson Tott
1457	**Christian** I.
	Kettil
	Sten Sture
	Johann II.
	Svante Sture
	Erik Trolle
	Christian II.
1521	Gustav Wasa

Tabelle 20: Die Struktur der Herrschernamen Schwedens

Abb. 35: Gustav Eriksson Wasa (1496-1560) löste Schweden 1523 aus der Kalmarer Union. Er war zunächst ab 1521 Reichsverweser unter dänischer Herrschaft. Der Tag seiner Wahl zum König von Schweden (6. Juni) ist der schwedische Nationalfeiertag.

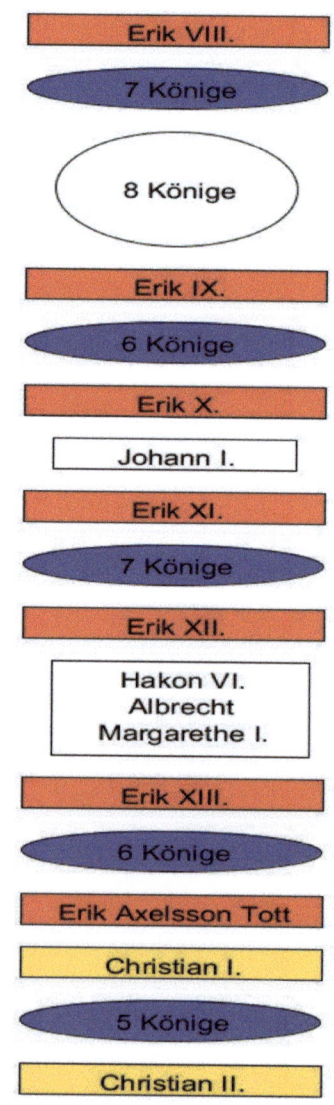

Grafik 17: Das Namenssystem Schwedens (weiß: die Ausnahmen)

144

Schottland

Abb. 36: Römische Kavallerie und unterworfene Pikten (im heutigen Schottland).
Die Darstellung wird auf das zweite Jahrhundert u.Z. datiert.
Quelle:
https://en.wikipedia.org/wiki/File:Bridgeness_slab_detail.JPG#/media/File:Bridgen
ess_slab_detail.JPG
Autor: Kim Traynor, Lizenz:

Die Liste beginnt mit Kenneth I., "dem Eroberer", der traditionell als erster schottischer König gezählt wird. Dieser steht wie in Dänemark vor dem wohlstrukturierten Mittelalter.

In der Geschichte des Mittelalters Schottlands gibt es vier aufeinanderfolgende Blöcke mit je 6 Königen, die jeweils mit dem ersten Träger eines Namens beginnen und mit einem weiteren Träger dieses Namens enden, mit Ausnahme des 4. Blocks mit dem jeweils zweiten. Zwischen dem 3. und 4. Block ist unregelmäßig König Edgar angeordnet.

Für den Zeitraum von 900 (Konstantin II.) bis 1286 (Tod von Alexander III.) ist für Schottland

Abb. 37: Cináed mac Ailpín (810-858), heute auch Kenneth I. genannt. Er war König der Pikten und erster König der Schotten.

der Name „Königreich Alba" überliefert. Deren Könige nannten sich seit Konstantins Vorgänger Donald II. „König von Alba" (Ri Alban). Bezeichnenderweise kann man nun den ersten Sechser-Block sowohl von Donald I. bis Donald II. reichen lassen, als auch von Konstantin I. bis Konstantin II.

Mit dem Tod von Alexander III. und dem „Untergang" des Königreichs Alba endet auch die väterliche Erblinie. Alexanders Nachfolgerin Margarethe ist nur seine Enkelin mütterlicherseits sowie Tochter des Königs von Norwegen und hat nie den Boden Schottlands betreten. Nach ihrem Tod 1290 beginnt ein Interregnum bis 1292. Damit endet auch das wohlstrukturierte Mittelalter Schottlands.

Nachdem England 1292 einen Vasallenkönig in Schottland installiert hatte (Johann Balliol), dieser sich aber bald darauf mit Frankreich verbündete, marschierten englische Truppen 1296 ein. Bis 1328 dauerte dann der 1. Schottische Unabhängigkeitskrieg. Im Jahre 1306 kam mit Bruce I. eine neue Dynastie auf den schottischen Thron.

Die nachfolgende Zeit bis zum nächsten gravierenden Einschnitt 1651 (die englische Armee unter Oliver Cromwell marschiert 355 Jahre nach 1296 wieder in Schottland ein und unterbricht das Königtum für neun Jahre) lässt sich in 3 Blöcke mit je 5 Königen einteilen.

841	Kenneth I.
859	**Donald** I.
862	**Konstantin** I. Aedh Eochaid Giric **Donald** II.
900	**Konstantin** II.
943	**Malcolm** I. Indulf Dubh Culen Kenneth II. **Malcolm** II.
1034	**Duncan** I. Macbeth Lulach Malcolm III. Donald III. **Duncan** II.
1097	Edgar
1107	**Alexander** I. David I. Malcolm IV. Wilhelm I. Alexander II. **Alexander** III.
1286	Margarethe, Johann Balliol, sowie Interregnum und Krieg
1306	Robert I., David II., Eduard Balliol, Robert II., Robert III. Jakob I., Jakob II., Jakob III., Jakob IV., Jakob V. Maria I. Stuart, Heinrich Stuart, Jakob VI., Karl I., Karl II.
1651	Oliver Cromwell und englische Invasion

Tabelle 21: Die Struktur der Königsnamen Schottlands

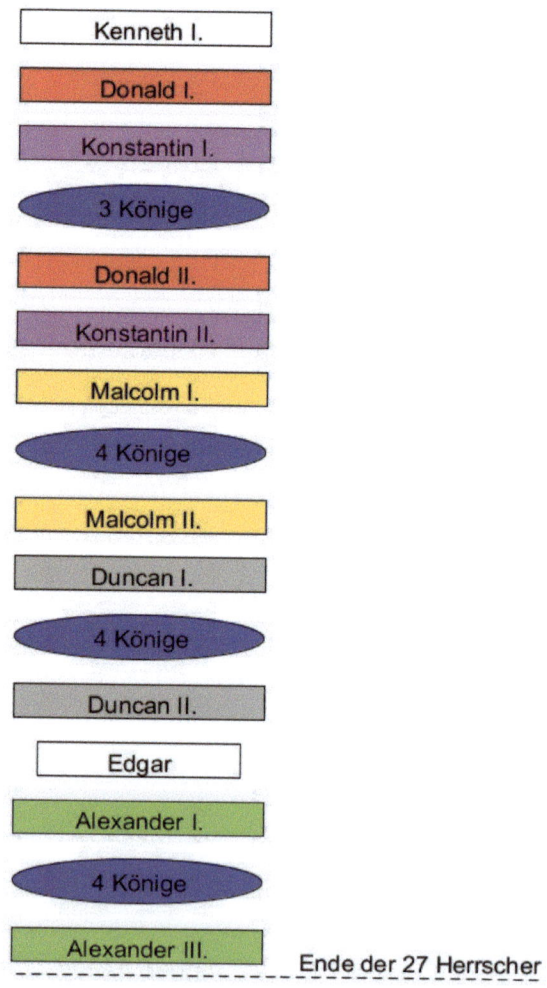

Grafik 18: Das Namenssystem Schottlands (weiß: die Ausnahmen)

Gemeinsamkeiten der Strukturen der Namen der Herrscher in Ost- und Nordeuropa

Die ganz offensichtlich konstruierte Zeit in den später nationalen Reichen Ost- und Nordeuropas (Russland, Ungarn, Polen, Norwegen, Dänemark, Schweden und Schottland) ist durch einheitliche Muster gekennzeichnet, deren gemeinsames Merkmal die Abfolge von drei bis vier Blöcken gleicher Länge ist (Russland sechs Blöcke und Schweden unregelmäßige Länge), die jeweils mit dem selben Namen beginnen und enden.

In Ungarn, Dänemark und Schottland ist die Anzahl der Könige in dieser Zeit identisch. Es sind jeweils 27. In Polen und Norwegen (bis 1204 Beginn des Bürgerkriegs), sind es ebenfalls genau 27 Herrscher, wenn man die unregelmäßigen Könige nicht mitzählt. Wieder weichen Russland und Schweden ab.

Die Abfolge der Namen der ost- und nordeuropäischen Regenten des Mittelalters in den beschriebenen Zeiträumen folgt einem ähnlichen Aufbau. Das Wohlstrukturierte Mittelalter beginnt in allen Ländern, außer Schottland, in der zweiten Hälfte des 10. Jh., im Zusammenhang mit der Durchsetzung des Christentums im 10./11. Jh. In Schottland beginnt es bereits über 100 Jahre zuvor. Es endet überall, außer in Russland und Schweden, Ende des 13. Jh. oder im 14. Jh. Sowohl in Polen, Schweden als auch in Russland herrschen unmittelbar danach mit Przemyslaw, Gustav Eriksson Wasa und Peter I. Persönlichkeiten, die das Land entscheidend umgestalten. In Norwegen endet die Existenz eines eigenständigen Staates mit der Union mit Dänemark. In den anderen Ländern folgt dem Wohlstrukturierten Mittelalter Anarchie, Bürgerkrieg und/oder ein Interregnum, verbunden mit einem Dynastiewechsel, sofort oder wenige Jahre später.

In vier der sieben Länder gehen dem ersten Herrscher über ein Reich, dass man als „christlich" bezeichnen kann, sechs Herrscher über ein heidnisches Reich voraus. In allen sieben Staaten gibt es danach mehrere gleich lange Blöcke mit mehreren Regenten, deren erster und letzter Regent den gleichen Namen tragen. Die Länge der Blöcke ist nicht überall gleich.

Interessanterweise gibt es diese Strukturen nur in Ost- und Nordeuropa. Die Abfolge der Herrschernamen in anderen Teilen Europas ist anders strukturiert. Diese Übereinstimmungen lassen eine gemeinsame Handschrift erkennen. Es gibt keine andere Erklärung für dieses Phänomen, als dass entweder

a) alle Regentenlisten aus einer Hand stammen, oder

b) eine Vorlage als „Orientierungshilfe" für die Erstellung der Regentenlisten der anderen Länder diente.

Ein weiteres entscheidendes Konstruktionsmerkmal betrifft die Anzahl der Könige im Wohlstrukturierten Mittelalter.

In drei Staaten, Ungarn, Dänemark und Schottland, ist die Anzahl der Könige in dieser Zeit identisch. Es sind jeweils 27.

Aber auch in zwei weiteren Ländern, Polen und Norwegen (bis 1204), sind es genau 27 Herrscher, wenn man die unregelmäßigen Könige nicht mitzählt. Das sind Zbigniew in Polen und Magnus und Olav in Norwegen.

Die beiden übrigen Länder, Russland und Schweden, sind nun auch die einzigen in Ost- und Nordeuropa, deren "Wohlstrukturiertes Mittelalter" erst nach dem 14. Jh. endet.

In Deutschland gab es ja, wie beschrieben, 31 Könige mit 13 verschiedenen Namen in den 403 Jahren von 911-1313, und 31 x 13 = 403. So etwas gibt es auch in Ost- und Nordeuropa. Außerdem werden weitere Ähnlichkeiten zwischen Norwegen und Dänemark sowie Ungarn und Polen sichtbar.

1) Norwegen: 27 Könige mit 12 verschiedenen Namen von 870-1204, außer den 10 unregelmäßigen Jahren zwischen 1093-1103 (=324 Jahre). Und 27 x 12 = 324. Das entspricht auch genau der Länge der Westgoten-Könige und der Merowinger-Könige von der Nennung des ersten bis zur Absetzung des letzten Königs.

2) Dänemark: 27 Könige mit 11 verschiedenen Namen. 27 x 11 = 297. Vom Anfang bis zum Ende des Wohlstrukturierten Mittelalters in Dänemark sind es mit 397 Jahren genau 100 Jahre mehr. Ob sich da jemand mit den ollen römischen Zahlen verrechnet hat?

Andere Variante: Streicht man die 45 unregelmäßigen Jahre mit Waldemar I. und Knut VI. heraus wie in Norwegen, so sind es 352 Jahre, was mit Inklusivzählung 13 verschiedenen Namen entspricht. 27 x 13 = 351. Da könnten dann zwei Könige nachträglich umbenannt worden sein.

3) Ungarn: 27 Könige mit 15 verschiedenen Namen von ca. 858-1272. 27 x 15 = 405. Das ist fast identisch mit den römisch-deutschen 403 Jahren. Da der Beginn der Herrschaft des ersten Großfürsten Almos nicht genau bekannt ist, passt es auch hier (Tod 895). 1272 - 405 = 867.

4) Polen: 27 Herzöge mit 14 verschiedenen Namen (ohne die Ausnahme Zbigniew) bzw. 28 Herzöge mit 15 verschiedenen Namen (mit der Ausnahme Zbigniew). Die ersten sechs Herzöge sind allerdings laut offizieller Geschichte fragwürdig. Der erste, Lech, taucht z.B. erstmals in einer Chronik vom Ende des 12. Jh. auf, zusammen mit seinen Brüdern Čech und Rus, deren Rolle in der Geschichte man sich wohl denken kann. Mieszko I. (ab ca. 960) ist nach offizieller Geschichte der Schöpfer des polnischen Staates und lässt sich taufen. Von 1290, dem Ende des Wohlstrukturierten Mittelalters, 405 Jahre zurück (27 x 15) sind wir am Ende des 9. Jh. Genug Zeit für sechs Herzöge bis 960.

5) Schottland: 27 Könige mit 17 verschiedenen Namen von ca. 841-1286. 27 x 17 = 459. 1286 - 459 = 827. Das ist nur 14 Jahre von dem ca.-Wert des ersten Königs Kenneth I. entfernt.

Man kann also als erkannte übereinstimmende Gesetzmäßigkeit der mittelalterlichen Geschichte im HRR, Ungarn, Polen, Dänemark, Norwegen und Schottland festhalten (wobei geringfügige Abweichungen erklärbar sind):

Anzahl der Könige x Anzahl der verschiedenen Namen
= Dauer des wohlstrukturierten Mittelalters

Solche Gesetzmäßigkeiten dürfte es aber nach Ansicht der offiziellen Geschichte gar nicht geben. Als Ursache kommt nur eine Abweichung der Geschichtsschreibung vom tatsächlichen Ablauf der Geschichte in Frage.

In England mag man runde Zahlen. Der Zeitraum des Wohlstrukturierten Mittelalters umfaßt 600 Jahre von 774-1461 abzüglich der 88 Jahre der normannischen Dynastie (wie schon im Buch beschrieben). In dieser Zeit herrschen 35 Könige mit 20 verschiedenen Namen. Dies sind 35 x 20 = 700, also genau 100 mehr.

In Russland und Schweden gibt es eine andere Regel. Dort gilt:

Anzahl der Könige x Anzahl der verschiedenen Namen
= Endjahr des wohlstrukturierten Mittelalters - 2

1) Russland: Von 862-1682 herrschen 60 (Groß-)Fürsten und Zaren mit 28 unterschiedlichen Namen. 60 x 28 = 1680. Das ist genau zwei Jahre vor dem Ende im Jahre 1682 (Peter I.).

2) Schweden: Von 971-1521 herrschen 49 Könige/Regenten mit 31 unterschiedlichen Namen (außer die drei unregelmäßigen Hakon VI., Albrecht und Margarethe I. von 1362-1412, das sind dann exakt 500 Jahre). 49 x 31 = 1519. Das ist genau zwei Jahre vor dem Ende im Jahre 1521 (Gustav Eriksson Wasa).

Die Herzöge von Böhmen

Der Vergleich der Herzöge von Böhmen und der ostfränkischen Könige des 9.-11. Jahrhunderts zeigt deutliche Ähnlichkeiten. Im Zeitraum von 875/876 bis 1003/1024 gibt es nicht nur die gleiche Anzahl von Herrschern, sondern deren Amtszeiten sind auch weitgehend parallel angeordnet. Außerdem stehen die beiden Herrscher mit ähnlicher geschichtlicher Bedeutung parallel. Das sind Wenzel der Heilige (921-935), der böhmische Landespatron, und Heinrich I. (919-936), der im Verständnis der Geschichtswissenschaft des 19./20. Jh. als Gründer des "Reiches der Deutschen" gilt. Beiden Herrschern folgen jeweils drei gleichnamige Herrscher: Boleslav I.-III. und Otto I.-III.

Außerdem sind es jeweils 33 Herzöge und Könige von Vratislav I. 915-1346, und von Konrad I. 911-1346, bis zum ersten gemeinsamen böhmischen und römisch-deutschen König, bis Karl I./IV.,

bzw.

jeweils 36 Herzöge und Könige von Bořivoj 875-1346 bzw. Karl III. 876-1346 bis Karl I./IV.

Herzog von Böhmen	von-bis	von-bis	Ostfränkischer König
Bořivoj I.	875-888/890	876-887	Karl III. der Dicke
Svatopluk I.	888/890-894	887-899	Arnulf von Kärnten
Spytihněv I.	894-915	900-911	Ludwig IV.
Vratislav I.	915-921	911-918	Konrad I.
Wenzel der Heilige, böhmischer Landespatron, heute ist sein Todestag in Tschechien Feiertag	921-935	919-936	Heinrich I., Gründer des "Reiches der Deutschen" im Verständnis der Geschichtswissenschaft des 19./20. Jh.
Boleslav I.	935-972	936-973	Otto I.
Boleslav II.	972-999	961-983 (973 Kaiser)	Otto II.
Boleslav III.	999-1002	983-1002 (996 Kaiser)	Otto III.
Vladivoj (seit dieser Zeit ist Böhmen Teil des HRR)	1002-1003	1002-1024	Heinrich II. (letzter Ottonen-König)

Tabelle 22 : Ein Vergleich der Herzöge von Böhmen von 875-1003 mit den ostfränkischen Königen von 876-1024

Kein Wohlstrukturiertes Mittelalter in Süditalien

Und warum gibt es in Süditalien kein "Wohlstrukturiertes Mittelalter"? Nun, die Königreiche Sizilien und Neapel waren laut offizieller Geschichte seit Anfang des 15. Jh. endgültig nicht mehr selbständig, und wurden bis ins 19. Jh. abwechselnd von mehreren europäischen Dynastien aus verschiedenen Ländern regiert, quasi halbkolonial. Aber auch schon zuvor war dieses Gebiet zumeist von ausländischen Regenten beherrscht und nur zeitweise unabhängig.

Laut offizieller Geschichte existierte das normannische Königreich Sizilien im 12. Jh. für ca. 100 Jahre. Nach den Staufern und einem kurzen Intermezzo mit dem Anjou-König Karl I. übernahm 1282 dann auf der Insel das Königreich Aragon die Herrschaft. Das festländische Süditalien (Königreich Neapel) war dann noch ca. 150 Jahre weiter in der Hand des Hauses Anjou, bis auch dort Aragon 1442 die Macht übernahm. Z.B. war ab 1505/06 Ferdinand II., "der Katholische" in einer Person König von Aragon, von Kastilien und Leon, von Sizilien und Sardinien, und von Neapel.

Daher sind die Namen der Könige von Neapel/Sizilien weitgehend abhängig von den jeweiligen Königsnamen in den Heimatländern der wechselnden Herrscherdynastien.

Die Entschlüsselung des
Konstantinopel-Codes

Die Konstruktion der Makedonischen Dynastie

Auch die byzantinische Geschichte kennt ein ähnlich wohlstrukturiertes Mittelalter wie auch der Rest Europas. Besonders
auffällig ist hier die Makedonische Dynastie (867-1056).

Abb. 38: Kaiser Basileios I. (811-886), der Gründer der Makedonischen Dynastie,
und sein Sohn Leo in der Bilderhandschrift des Johannes Skylitzes

Die gesamte Makedonische Dynastie (mitsamt der "Makedonischen Renaissance") sieht sehr konstruiert aus. Inhaltlich liegt offensichtlich die Verdopplung nur eines Stoffes vor, ein wenig variiert und um ein paar Kaiser mit Namen Michael angereichert.

Es geht um die 190 Jahre von 867 bis 1056. Das sind 2 x 95 Jahre = 2 Osterzyklen. Die Verdopplung findet genau in der Mitte statt, nach 95 Jahren (963).

Direkt vor diesem Zeitraum sowie direkt danach regieren jeweils eine Kaiserin/Regentin mit Namen Theodora und ein ihr folgender Kaiser Michael (Theodora II. => Michael III. sowie Theodora III. => Michael VI.).

Die makedonische Dynastie besteht fast nur aus Kaisern mit "Namen" Basileios, Romanos und Konstantin, mit den Michaels direkt davor und direkt dahinter (analog zu den Ludwigs in Deutschland und den Karls in Frankreich), wobei es weder vorher noch nachher Kaiser mit Namen Basileios oder Romanos gibt (analog zu den Heinrichs und Konrads in Deutschland zwischen 911-1313). Bei den Münzen müssen sich die Numismatiker arg verrenken, um da irgend etwas zuordnen zu können. Im Allgemeinen wird für diese Zeit des 10./11. Jh. auf die Ausrede "anonyme Prägungen" zurückgegriffen. Die Bauten dieser Kaiser stehen nur in den Schriften, wie bei den Karolingern, und der "makedonischen Renaissance" folgt 100 Jahre Schweigen.

Bei den Kaisern Basileios I. und Basileios II., sowie Justinian II. (ca. 180 Jahre vor dem ersten und ca. 300 Jahre vor dem zweiten Basileios) scheinen sich dieselben Beschreibungen, leicht abgewandelt, zu wiederholen. Das trifft auch für den 2. Teil von 963-1034 im Vergleich zum 1. Teil von 867-963 zu.

Erster Kaiser ist 867 Basileios I. Basileios II. beginnt dann 963 seine Herrschaft. Basileios I. soll seine Kindheit in Gefangenschaft in Bulgarien verbracht haben, und Basileios II. wird zum "Bulgarentöter" und macht Bulgarien wieder zu einem Teil des Byzantinischen Reiches.

Sowohl Basileios I. als auch der II. hatten einen Mitkaiser mit Namen Konstantin. Beim I. war es sein Sohn, der ansonsten farblos blieb. Beim II. ist es Konstantin VIII.

Auch ein Nikephoras Phokas regierte bei beiden mit. Bei Basileios I. war er General und Caesar und der Vater von Nikephoros II. Phokas, dem Mitkaiser von Basileios II., auch ein General.

Bevor die Konstantine VII. und VIII. Porphyrogennetos ihre Alleinherrschaft antreten können, folgen jeweils noch zwei Kaiser (Alexander und Leo VI. sowie Nikephoros II. und Johannes I.).

Beide Konstantine haben einen "Rivalen", der sie lange Zeit vom Regieren abhält, obwohl sie bereits Mitkaiser waren. Der eine ist Romanos I., der andere Basileos II. – auch eine sehr unoriginelle Namenswahl.

Da die beiden Konstantine sehr lange von der Machtausübung ausgeschlossen waren, lernten sie diese nie richtig und beschäftigten sich vornehmlich mit anderen Sachen: Der eine schreibt Bücher (die aber erst als Kopien frühestens vom Ende des 11. Jh. überliefert sind), der andere gibt sich dem Vergnügen hin.

Beide Konstantine hatten Töchter mit Namen Zoe und Theodora. Die Zoe vom VII. geht ins Kloster, und vom VIII. ist es die Theodora, die ins Kloster geht.

Beiden Konstantinen folgt ein Kaiser "Romanus", der II. und der III. Dann ist Schluss beim ersten Teil (963).

Nach Romanus III. (1034) sind 168 Jahre (= 2 x 84, römischer Osterzyklus) nach dem Anfang 867 um. Danach wird das Spielchen mit Theodora und Michael mit einer Kaiserin mit Namen Zoe variiert. Zoe (die Tochter von Konstantin VIII., die Romanus III. heiratet und ihn ermorden lässt) macht Michael V. zum Kaiser. Der stirbt aber bald, und so macht die Zoe den nächsten Michael zum Kaiser, diesmal ihren Adoptivsohn. Der wird aber bald abgesetzt. Der dritte, den die Zoe zum Kaiser macht, ist dann Konstantin IX. Monomachos. Nach diesem wird dann die andere Tochter von Konstantin VIII., Theodora, Kaiserin (sie war dies schon einmal 1042 zusammen mit ihrer Schwester Zoe) und beendet die Makedonische

Dynastie, indem sie einen dynastiefremden Michael, den VI. als Nachfolger bestimmt.

Auf jeden Fall sind Mitte des 11. Jh. die slawischen Reiche südlich von Ungarn wieder von der Landkarte verschwunden (die Auferstehung ist dann um 1200) und das Byzantinische Reich auf dem Balkan in den Grenzen von Kaiser Justinian I. (500 Jahre zuvor) wiederhergestellt. Und wie hieß dessen Ehefrau? Auch Theodora, die I.

Basileios I. (867-886) ist auch als "Justinian II." überliefert. Seine 60 Bücher umfassende Gesetzessammlung stellt weitgehend die griechische Version des Codex Justinianus und der Digesten dar, die laut offizieller Geschichte zuerst auf Latein verfasst worden sein sollen (aber im Westen erst Ende des 11. Jh. "wiedergefunden" wurden). Damit ist auch klar, wie die Münzen des Justinian II. (685–695 und 705–711) einzuordnen sind. Sie stammen von ein und demselben Kaiser. Justinian II. war der letzte Kaiser der ursprünglich aus Armenien stammenden Herakleischen Dynastie, und Basileios I. ist der erste Kaiser der ebenfalls ursprünglich aus Armenien stammenden Makedonischen Dynastie.

Abb. 39: Solidus von Kaiser Justinian II. (668-711) (rechts) mit der ersten Darstellung von Jesus Christus auf einer Münze (links); Quelle: https://de.wikipedia.org/wiki/Justinian_II.#/media/File:Solidus-Justinian_II-Christ_b-sb1413.jpg, Autor: Classical Numismatic Group, Lizenz: CC BY-SA 3.0

Abb. 40: Solidus von Kaiser Basileios I. (811-886) (links); Quelle: https://de.wikipedia.org/wiki/Justinian_II.#/media/File:Solidus-Justinian_II-Christ_b-sb1413.jpg; Autor: Classical Numismatic Group; Lizenz: CC BY-SA 3.0

Abb. 41: Kaiser Basileios II. (958-1025) (rechts zusammen mit Kaiser Nikephoros II. Phokas, links Jesus Christus); Quelle: https://de.wikipedia.org/wiki/Nikephoros_II.#/media/File:Histamenon_nomisma-Nicephorus_II_and_Basil_II-sb1776.jpg; Autor: Classical Numismatic Group; Lizenz: CC BY-SA 3.0

Passenderweise waren sowohl Justinian II. als auch Basileios I. mit einer Frau namens Eudokia verheiratet. Sowohl die Eudokia vom Basileios als auch die vom Justinian starben vor diesen. Über die Frau von Justinian II. ist aber nichts weiter überliefert, so dass keine weiteren Vergleiche möglich sind.

Justinian I. nachahmend begann Basileios I. auch ein umfangreiches Bauprogramm in Konstantinopel. Dasselbe wird von Justinian II. berichtet. Dieser hatte dann auch noch eine zweite Frau namens Theodora wie Justinian I.

Sowohl nach Justinian II. als auch nach Basileios I. folgt ein Kaiser Leo (695-698 bzw. 886-912). Originellerweise folgt Justinian II. nach seiner zweiten Amtsperiode von 705-711 ein Kaiser mit Namen Philipp (711-713), und dem Leo nach dem Basileios folgt ein Alexander (912-913). Diese liegen dann auch genau 200 Jahre auseinander.

Innerhalb dieses Zeitraums sind die Münzen praktisch nicht unterscheidbar – siehe z.B. Abb. 39-41. Laut offizieller Geschichte war es ein z.B. kein Problem, Münzen aus dem 7. Jh. mit Christusabbildungen zu haben (Justinian II.), die dann erst über zwei Jahrhunderte später wieder kontinuierlich auftauchten. Mit einer Umdatierung dieses Justinian II. in eine spätere Zeit ist diese Unstimmigkeit gelöst. Andere Unterschiede bei den Münzmotiven sind geringfügiger.

Etwas ähnliches passiert in den 40 Jahren von 1078-1118 (Nikephoros III. und Alexios I.) im Vergleich zu den 39 Jahren 602-641 (Phokas und Herakleios). Vom Geschichtsschreiber Michael Psellos wird Nikephoros III. "Phokas" genannt, und die Geschichtsschreiberin Anna Komnena nennt Alexios I. "Herakles". Der Weg an die Macht ist jeweils ähnlich, auch die Positionierung innerhalb der Dynastien vorher und nachher (Phokas/Nikephoras jeweils Putschisten, die die vorige Dynastie beenden, und Herakleios/Alexios ebenfalls Putschisten, die eine neue Dynastie begründen) und die bildlichen Übereinstimmungen (insbesondere Herakleios und Alexios) sind unübersehbar.

Eine entscheidende Münzreform der Goldwährung (die erste richtige seit Konstantin dem Großen) erfolgt unter Alexios I. (1081-1118), so dass sich (Gold-)Münzen danach deutlich von der Zeit zuvor unterscheiden. (Eine unwesentlichere Reform soll allerdings schon unter Nikephoros II.(963-969) stattgefunden haben.).

Abb. 42 (oben): Kaiser Herakleios (610-641) mit Sohn

Abb. 43 (rechts): Kaiser Alexios I. (1081-1118)

Herakleios kämpfte bekanntlich gegen die Perser, und Alexios auch. Die Perser bei Alexios werden heute allerdings Seldschuken genannt. Nach den Quellen kämpften die (byzantinischen) Griechen selbst um 1400 AD noch gegen Perser - heute Osmanen genannt. Erinnert sei diesbezüglich an die "Dialoge mit einem Perser" des Kaisers Manuel II. (1391-1425) aus dem "Papstzitat von Regensburg" von Papst Benedikt XVI.

Das wohlstrukturierte Mittelalter des Byzantinischen Reiches

Den Beginn und das Ende markieren zwei Kaiser Michael, Michael III. (bis 867) und Michael VIII. Dukas Komnenos Palaiologos (ab 1261). Das gesamte System geht also von 867-1204 (1204-1261 gibt es keine Kaiser von Konstantinopel während der Besetzung durch die Kreuzfahrer). Ein Untersystem besteht in den 190 (2 x 95) Jahren von 867-1056 während der Makedonischen Dynastie. Es wird von einer

Kaiserin/Regentin Theodora (nicht legitim) und einem nachfolgenden Kaiser Michael "eingerahmt". Auch die Mutter des letzten Kaisers, Michael VIII., hieß Theodora.

	(Theodora =>) Michael
867	Basileios 2 Kaiser Konstantin Romanos (Romanos)
963 (Ablauf von 95 Jahren, danach Wiederholung des 1. Teils)	Basileios 2 Kaiser Konstantin Romanos
1034 (Ablauf von 168 = 2 x 84 Jahren)	Michael => weiterer Kaiser Konstantin
1056 (Ablauf von 190 = 2 x 95 Jahren)	(Theodora =>) Michael => weiterer Kaiser Konstantin Michael => weiterer Kaiser
1078	Nikephoros Phokas
	6 Kaiser in 25 Jahren von 1056-1081
1081	Alexios (37 Jahre) Johannes (25 Jahre) Manuel (37 Jahre)
1180	6 Kaiser in 25 Jahren von 1180-1204
1204	Besetzung Konstantinopels
1261	(Mutter: Theodora =>) Michael

Tab. 23: Das Byzantinische Wohlstrukturierte Mittelalter, inkl. Konstruktion der Makedonischen Dynastie

Anfang und Ende der Strukturierung sind historisch begründbar deutlich abgegrenzt (Beginn und Ende der Dynastien), was den artifiziellen Charakter belegt. 84 und 95 Jahre sind jeweils die beiden antiken Osterzyklen, die auch schon in der antiken römischen Geschichte aufgefallen sind.

Zwischen 1034-1078 wiederholt sich die Sequenz

"Michael => weiterer Kaiser => Konstantin"

zweieinhalb mal.

Nach dem Ende der Makedonischen Dynastie 1056 vergehen 149 Jahre bis 1204. In den ersten 25 Jahren (1056-1081) regieren 6 Kaiser. Dann folgen 99/100 Jahre mit den überlangen Herrschaftszeiten gleich dreier Kaiser hintereinander: Alexios I. (37 Jahre), Johannes II. (25 Jahre) und Manuel I. (37 Jahre). Danach folgen weitere 25 Jahre bis 1204, in denen wieder 6 Kaiser herrschen.

25 => 37 => 25 => 37 => 25

Erst mit dem Jahre 1204, der Besetzung Konstantinopels durch die Kreuzfahrer, ist die deutliche Strukturierung der byzantinischen Geschichte beendet. Das lässt darauf schließen, dass wesentliche Teile davon erst nach 1204 geschrieben wurden. Die byzantinische Geschichte unterscheidet sich insofern nicht von der Geschichte der anderen Länder Europas.

Die Abfolge der Namen der Kaiser von Konstantinopel

Die Reihenfolge der Namen der 78 legitim herrschenden Kaiser von Konstantinopel (324-1453, Konstantin I.-Konstantin XI.) ist wohlstrukturiert, und zwar um den Namen Konstantin herum. Die Kaiser von Nikäa während der Besetzung Konstantinopels durch die Kreuzfahrer von 1204-1261 werden nicht behandelt (analog zu England 1066-1154).

324	**Konstantin** I.
	Constantius II.
	Julian
	Jovian
	Valens
	Theodosius
	Arcadius
	Theodosius II.
	Markian
	Leo I.
	Leo II.
	Zenon
	Anastasios I.
	Justin
	Justinian I.
	Justin II.
	Tiberios I.
	Maurikios
	Phokas
	Herakleios
	Konstantin III.
	Heraklonas
	Konstans II.
	Konstantin IV.
	Justinian II.
	Leontios
	Tiberios II.
	Philippikos
	Anastasios II.
	Theodosius III.
	Leo III.
	Konstantin V.
	Leo IV.
	Konstantin VI.

Nikephoros I. Staurakios Michael I. Leo V. Michael II. Theophilos Michael III. Basileios I. Leo VI. Alexander
Konstantin VII.
Romanos I. Romanos II. Basileios II. Nikephoros II. Johannes I.
Konstantin VIII.
Romanos III. Michael IV. Michael V.
Konstantin IX.
Michael VI. Isaak I.
Konstantin X.
Michael VII. Romanos IV. Nikephoros III. Alexios I. Johannes II. Manuel I. Alexios II. Andronikos I. Isaak II. Alexios III.

Alexios IV.

Alexios V.

Michael VIII.

Andronikos II.

Andronikos III.

Johannes V.

Johannes VI.

Manuel II.

Johannes VIII.

| 1453 | **Konstantin** XI. |

Tabelle 24: Die Kaiser von Konstantinopel von 324-1453

Der Konstantinopel-Code

Sowohl unmittelbar nach dem ersten Konstantin als auch vor dem letzten Konstantin herrschen jeweils 19 Kaiser mit anderen Namen. Zwischen den einzelnen insgesamt 10 Konstantins gibt es jeweils die folgende Anzahl von Kaisern mit anderen Namen, jeweils in der Mitte der Tabelle (Konstantin II. war ein weströmischer Kaiser):

324 u.Z.	Konstantin I.		
	19		
641 u.Z.	**139 Jahre**	2 7 1	**10 Kaiser**
780 u.Z.	**140 Jahre**	10	**10 Kaiser**
920 u.Z.	**139 Jahre**	5 3 2	**10 Kaiser**
1059 u.Z.	19		
1453 u.Z.	Konstantin XI.		

Tabelle 25: Der Konstantinopel-Code

Man erkennt drei Gruppen mit je 10 Kaisern, die anders heißen als Konstantin:

2 + 7 + 1 = 10, in der Mitte 10, und 5 + 3 + 2 = 10.

Das sind mit den benachbarten Konstantins insgesamt 38 Kaiser, genausoviel wie 19 + 19, die Anzahl der Kaiser davor und danach. Das ist alles sehr regelmäßig strukturiert. Dazu kommen noch Konstantin I. am Anfang, und Konstantin XI. am Ende, so dass es insgesamt 78 Kaiser sind. Mit dem 2. Konstantin im Westen wären es 79 Kaiser.

Die drei Zehner-Gruppen in der Mitte dauern jeweils gleich lang. Damit ist zusammen mit den anderen Merkmalen mit an Sicherheit grenzender Wahrscheinlichkeit klar, dass die Kaiserliste nicht auf "natürlichem" Wege entstanden sein kann.

1) 2+7+1 = 10 Kaiser:

641 (Heraklonas) => 780 (Tod von Leo IV.): 139 Jahre

2) 5+3+2 = 10 Kaiser:

920 (Romanos I.) => 1059 (Tod von Isaak I.): 139 Jahre

Auch der Zeitraum dazwischen hat praktisch die gleiche Länge:

3) 10 Kaiser:

780 (nach Leo IV.) => 920 (Machtübernahme von Romanos I.):

140 Jahre

Insgesamt sind es 418 Jahre von 641-1059. 418 ist durch 19, den Metonzyklus, teilbar.

Die Kaiser mit anderem Namen als Konstantin sind also wie folgt gruppiert:

19 + (10 + 10 + 10) + 19

Und alle 78 Kaiser (also inklusive der 10 Konstantins) sind dann so gruppiert:

1 + 19 + (19 + 19) + 19 + 1

Das System kann man damit auch so schreiben:

21 + (12 + 12 + 12) + 21 = 78

Die jeweils 19+2=21 Kaiser vorher und nachher haben auch jeweils praktisch die gleiche Länge, wenn man hinten die Zeit von 1204-1261 sowie 19 Jahre abzieht:

324 => 641 = 317 Jahre

1059 => 1453 = 394 Jahre, -57 -19 = 318 Jahre

Sehr interessant ist, dass das auch funktioniert, wenn man die vier Konstantine weglässt, die vorne wie hinten jeweils zusammen 13/14 Jahre herrschen:

337 => 641 = 304 Jahre

1067 => 1448 = 381 Jahre, -57 -19 = 305 Jahre

In beiden Fällen ist das letztere Ergebnis um genau 1 höher, was auf die Umrechnung durch unterschiedliche Jahresanfänge zurückgeführt werden kann. Und 304 ist ebenfalls wie 418 durch 19 teilbar (Differenz 114 Jahre).

In der Abfolge der Kaisernamen liegt das Jahr 813 im 10er Block in der Mitte. 37 Kaiser liegen davor und 41 dahinter. Das Jahr 813 AD ist genau das Jahr, bis zu dem Theophanes der Bekenner (760-818) die Weltchronik seines Zeitgenossen Georgios Synkellos fortsetzt. Für die Zeit nach 602 (ab Kaiser Phokas) ist Theophanes die wichtigste, teilweise auch die einzige Quelle. Der letzte Kaiser bei Theophanes ist Michael I., der als erster byzantinischer Herrscher Karl den Großen als Kaiser im Westen anerkennt. Interessanterweise ist der 39. Kaiser ebenfalls ein Michael, der II., der auch wie der andere Michael einen Sohn Theophil[akt]os hat, der auch Kaiser wird. Hier wäre Theophanes ganz genau in der Mitte platziert. Ob da etwa jemand nachträglich etwas verändert hat?

Die Strukturierung über die Namen Phokas/Nikephoros/ Nikephoros Phokas

Eine weitere Strukturierung erfolgt über die Kaiser mit Namen Phokas/Nikephoros/Nikephoros Phokas. Die Anzahl der Kaiser zwischen Konstantin I. (324-337) und Phokas (602-610) beträgt 17. Zwischen Phokas und Nikephoros I. sind es genau zwei weniger, nämlich 15, usw. wie folgt:

Konstantin I. => 17 =>
Phokas => 15 =>
Nikephoros I. => 13 =>
Nikephoros II. Phokas => 11 =>
Nikephoros III. => 9 =>
Besetzung Konstantinopels => 7 =>
Konstantin XI.

Nach Nikephoros III. folgen also noch 9+7 Kaiser bis zum letzten, Konstantin XI., so dass die Reihe perfekt aufgeht.

Die Machtübernahme von Phokas, Nikephoros II. Phokas und Nikephoros III. liegt zudem im selben Jahr des 19jährigen Metonzyklus. Dieses ist auch identisch mit dem Todesjahr von Nikephoros I.

Nikephoros II. Phokas wird 912, also 100 + 1 Jahre nach dem Tod von Nikephoros I. bzw. 300 + 2 Jahre nach dem Tod von Phokas geboren. Nikephoros III. wird um 1010, also 200 Jahre nach dem Tod von Nikephoros I. bzw. 400 Jahre nach dem Tod von Phokas geboren. Vom Ende der Herrschaft von Phokas bis zum Beginn der Herrschaft von Nikephoros III. liegen 471 Jahre. Nikephoros III: behauptete, von der Phokas-Famile abzustammen.Theophanu, die Frau von Kaiser Otto II., war eine Nichte von Nikephoros II. Phokas.

Warum nun gerade Nikephoros /Phokas?

Phokas führt ein in der weiteren Geschichte des Byzantinischen Reiches beliebtes Verfahren zur Thronbesteigung ein: die Ermordung des amtierenden Kaisers und die Verstümmelung seiner

Nachfahren. Nach Konstantin I. war das bislang kein einziges Mal vorgekommen! Wer soll das denn glauben?

Diokletian dankte im Jahre 305 ab, als einziger Kaiser in der römischen Geschichte überhaupt, 297 Jahre vor Phokas' Machtergreifung. Er starb 311/312 - also 27/28 Jahre, nachdem er Kaiser geworden war. Konstantins Vater Constantius I. Chlorus wurde im Jahr 305 Augustus, und Konstantin selbst ein Jahr später Westkaiser.

Phokas' Nachfolger Herakleios hat dann das Beispiel sofort nachgeahmt, so wie das auch schon bei Konstantin I. und dessen Vorgängern üblich war.

Abb. 44: Kaiser Phokas (602-610); Quelle: https://de.wikipedia.org/wiki/Phokas#/media/ File:Phocas_cons.jpg; **Autor: Pablo85; Lizenz:** CC BY-SA 3.0

Abb. 45: Kaiser Nikephoros III. (1078-1081)

Ab Phokas bis zum Ende des Reiches tragen fast alle legitimen Kaiser einen Bart. Diokletian hatte auch einen, so wie auch die meisten Soldatenkaiser vor ihm und auch schon alle Kaiser der Dynastie der Adoptivkaiser seit Hadrian 117 (Beginn der "Historia Augusta"). Vor 117 waren alle Kaiser auf den Abbildungen ohne Ausnahme bartlos. Von Konstantin I. bis Phokas gab es lediglich einen Kaiser, der sich mit Bart darstellen lässt: Julian II. "der Apostat" (361-363). Dieser ist nicht nur kein Christ (2. Ausnahme), sondern wird auch in Konstantinopel geboren (3. Ausnahme).

Vielleicht hat das ja etwas damit zu tun, dass Phokas auch der erste Kaiser war, der in einer Kirche gekrönt wurde, was ihm wohl alle Kaiser, die ihm folgten, nachgemacht haben. Ab Phokas tragen auch auf Abbildungen alle Kaiser eine Krone mit Kreuz, zumindest auf den Münzen. Der erste Kaiser überhaupt mit einer solchen Krone war wohl Tiberios II. Konstantin (574-582).

Gleichzeitig findet eine Machtverlagerung statt. Kamen bis zu Tiberios II. Konstantin noch fast alle Kaiser vom Balkan (soweit der Geburtsort bekannt ist), so stammen sie danach ab Maurikios (582), vor allem ab Herakleios (610 = 324 + 285 + 1), fast alle aus Kleinasien, Armenien Syrien und Konstantinopel.

[Exkurs: In diesem Zusammenhang ist interessant, daß auch die achteckige römisch-deutsche Reichskrone zur Zeit der Ottonen noch kein Kreuz hatte. Die Krone wurde laut offizieller Geschichte im 11.Jh. verändert. Die Krone der Ottonen war noch ein Symbol für das himmlische Jerusalem - der Messias thront, von zwei Engeln umgeben (Gabriel und Michael), und ist nicht gekreuzigt.

Auch die Herstellung des "Reichskreuzes" soll in das 11. Jh. fallen. Die erste realistische Abbildung von Krone und Kreuz stammt allerdings erst aus dem 14.Jh., aus der Zeit Karls IV.

Genau wie im Osten erfolgt das Hinzufügen des Kreuzes zur Krone zeitgleich mit dem zunehmenden Bartwuchs der Könige. Wurden die meisten Könige vor Heinrich II. noch ohne Bart dargestellt, so tragen fast alle Könige ab Konrad II. (1027–1039) einen Vollbart. Nach Friedrich I. Barbarossa (1152-1190) gibt es dann keine klare Regel mehr - die meisten Könige haben aber keinen Bart, zumindest auf den als zeitgenössisch angesehenen Abbildungen. Die Karle (I.-III.) trugen entweder einen Schnurrbart oder waren bartlos (Münzen und Siegel) Ende Exkurs]

Die Zeit um 600-642 ist aus Quellensicht gesehen, das Ende der antiken Geschichtsschreibung. In dieser Zeit erfolgt der Bruch. Je nachdem, welche der Handvoll Quellen man noch für authentisch hält, ist dann Phokas oder Herakleios der letzte Kaiser. Auf jeden Fall beginnen mit Phokas

a) die bärtigen Kaiser,

b) die dazu noch auf Münzen eine Kone mit Kreuz tragen (hatte zuvor nur Tiberius Konstantin),

c) und sich in Kirchen krönen lassen (was sicher mit einer Änderung der Rolle der Religion zu tun hat).

Es gibt nun in der byzantinischen Geschichte genau eine Zeit, in der sich die dynastische Konstellation der Zeit um 600 ziemlich identisch wiederholt: die zweite Hälfte des 11. Jahrhunderts.

1) letzter Kaiser der Justinianischen Dynastie: Maurikios (582-602)
= letzter Kaiser der Dynastie der Dukai: Michael VII. (1067-1078)

2) Putsch und Ende der vorherigen Dynastie durch **Phokas** (602-610) ohne dynastische Nachfolge
= Putsch und Ende der vorherigen Dynastie durch Nikephoros III., auch **Phokas** genannt (1078-1081) ohne dynastische Nachfolge

3) Putsch und Begründung einer neuen Dynastie, die ca. 100 Jahre später endet (711), durch **Herakleios** (610-641)
= Putsch und Begründung einer neuen Dynastie, die ca. 100 Jahre später endet (1184), durch Alexios I., auch **Herakles** genannt (1081-1118)

Dazu kommt, dass die Paare Nikephoros III./Alexios I. und Phokas/ Herakleios mit 39-40 Jahren praktisch genauso lange an der Macht waren.

Dazu passt, dass Mitte des 11. Jh. die slawischen Reiche südlich von Ungarn wieder von der Landkarte verschwunden sind (die Auferstehung ist dann um 1200) und das Byzantinische Reich auf dem Balkan in den Grenzen um 600 wiederhergestellt ist.

Dazu passt auch, dass unter Alexios I. eine wichtige Reform der Goldwährung stattfand (eine kleinere unter Nikephoros II. Phokas, bei dem die Abwertung begann). In der Zeit davor hat man es also mit vom Goldgehalt her identischen Münzen zu tun. Wer glaubt, die Goldwährung hätte über 700 Jahre (nach offizieller Geschichte) seit dem großen Konstantin stabil bleiben können, obwohl sonst fast nichts den Bruch nach der Antike überlebt hat, glaubt bestimmt auch an den Weihnachtsmann. Was die Abbildungen der Kaiser und die Motive auf den Münzen angeht, so sind diese von Justinian II. (offiziell ab 685) bis zum 11. Jh. praktisch nicht unterscheidbar, und Abbildungen von Herakleios (ab 610) sind mit denen von Alexios I. (ab 1081) vereinbar.

Eine weitere Strukturierung der byzantinischen Geschichte

Darüber hinaus ist auch eine Strukturierung der oströmischen Geschichte in klar abgegrenzte Zeitabschnitte fast identischer Länge (jeweils ca. 190/84/56/8 Jahre) vorhanden. 84 Jahre dauerte auch der alte römische Osterzyklus, und 190 = 2 x 95, was dem Osterzyklus auf der Grundlage der alexandrinischen Ostertabelle entspricht.

324 => 518: **194 Jahre**:
Konstantinische/Valentinianische/Theodosianische + Thrakische Dynastie

518 => 602: **84 Jahre**: Justinianische Dynastie

602 => 610: **8 Jahre**: Phokas

610 => 802: **192 Jahre**: Herakleische Dynastie. + Anarchie + Syrische Dynastie
(**85 Jahre**: 610 => 695 Herakleische Dynastie)
(**85 Jahre**: 717 => 802 Syrische Dynastie)

802 => 811: **9 Jahre**: Nikephoros I. (genau 200 Jahre nach Phokas)

811 => 867: **56 Jahre**: sechs Kaiser (Staurakios, Michael I., Leo V. und Amorische Dynastie)

867 => 1056: **189 Jahre**: Makedonische Dynastie

1057 => 1204: 147 Jahre (einziger Abschnitt, der aus der Reihe fällt): Dynastien der Komnenen, Dukai, Angeloi

1204 => 1261: **57 Jahre**: Besetzung Konstantinopels

1261 => 1453: **192 Jahre**: Dynastie der Palaiologen

3 Dynastien haben eine Länge von 84/85 Jahren. 2 Dynastien sind ca. 190 Jahre lang (189/192). Zudem ist der Zeitraum zwischen den beiden Kaisern Phokas und Nikephoros I. ebenfalls ca. 190 Jahre lang (192) mit 2 darin enthaltenen 85 Jahre langen Dynastien. Und der Zeitraum vor der ersten 84jährigen Dynastie vor 518 ist auch ungefähr 190 Jahre lang (194).

Es fällt weiterhin auf, dass von 518-802 (285 Jahre = 3 x 95) die Dynastiewechsel immer jeweils 2, 10 oder 17/18 Jahre nach dem vollen Jahrhundert sind: 518, 602, 610, 717, 802.

Sowie 811: Tod von Nikephoros I.

bzw. 813: Ende der Dynastie des Nikephoros. Im Jahre 813 endet auch die Chronik des Theophanes, die für die Zeit nach 602 die wichtigste, weitgehend auch die einzige Quelle ist.

Der Zeitraum von 1204-1453 (249 Jahre) scheint von 811-1056 (245 Jahre) verdoppelt.

Der Zeitraum von 1204-1453 dauert 249 Jahre (192+57), von 811-1056 sind es 245 Jahre (189+56), und von 324-811 sind es 2 x 244 Jahre (9+192+8+84+194), (bzw. 4 x 122 Jahre - siehe römische Republik im Kapitel über die römische Antike).

Der dazwischenliegende Zeitraum von 1057-1204 (147 Jahre) ist somit ca. 100 Jahre kürzer als die anderen und fällt aus der Reihe.

Anmerkungen zur byzantinischen Geschichtsschreibung

Es ist nicht zu übersehen, dass die wenigen Chroniken des 10. bis Beginn des 12. Jh. fast ausschließlich an folgenden Grenzen beginnen oder enden:

a) 811-813 (Theophanes),
b) 1057 (Ende der Makedonischen Dynastie),
c) vor oder nach Kaisern mit Namen Nikephoros/Phokas.
d) 1118

175

Das sieht sehr danach aus, als wenn diese Chroniken erst nachträglich angefertigt wurden. Hinweise darauf, dass es darüber hinaus weitere Chroniken oder andere Geschichtswerke gegeben hätte, existieren nicht. Dieses Schema wird erst im 13. Jh. durchbrochen.

Im Detail:

Richtig weiter geht es nach Theophanes (bis 813) erst mit der angeblich von Konstantin VII. in Auftrag gegebenen "Theophanes Continuatus", den Zeitraum von 813 bis 961 umfassend, also vor Nikephoros II. Phokas (963-969) endend, und damit auch genau in der Mitte der Makedonischen Dynastie.

Ein gewisser Leon Diakonos schreibt über die Zeit von 959-976 (Romanos II., Nikephoros II. Phokas und Johannes I.). Leon Diakonos hat einen sehr seltsamen Schreibstil. Er neigt zu lateinischen Fremdwörtern sowie ungewöhnlichen und extravaganten Formen und artifiziellen Ausdrücken. Gleichzeitig verwendet er simple Wörter wie "sein" oder "Brüder" übermäßig häufig. Das spricht nicht gerade für seine Glaubwürdigkeit. Sein Werk ist nur in einer Handschrift überliefert, und scheint in der Folgezeit weitgehend ignoriert worden zu sein. Danach ist erst einmal für über 100 Jahre vollständige Ruhe in der Geschichtsschreibung.

Die Chronographie des Michael Psellos, an Leon Diakonos anknüpfend, endet dann ebenso wie die Chronik des Michael Attaleiates bei Nikephoros III. 1077/1080, wobei letzteres Werk in der Folgezeit wohl auch weitgehend ignoriert wurde. Das Werk von Psellos ist nur in einer Handschrift aus dem 12. Jh. überliefert.

Die "Kaisergeschichte" des Johannes Skylitzes (aus dem 12. Jh. erhalten) knüpft auch an Theophanes (bzw. genauer: Nikephoros I.) an und reicht von 811-1057, also bis zum Ende der Makedonischen Dynastie. Die Weltchronik des Georgios Kedrenos, die sich ab 811 teilweise wortwörtlich auf Skylitzes stützt, reicht ebenfalls bis ins Jahr 1057.

Zunächst schreibt im 12. Jh. der Geschichtsschreiber Nikephoros Bryennios (ca. 1081-1136) über die Zeit von 1068-1081, also bis zu Nikephoros III. Seine Ehefrau Anna Komnena (1083-1154, Tochter von Alexios I.) setzt sein Werk bis 1118 (Tod von Alexios I.) fort. Die Weltchronik des Johannes Zonaras reicht ebenfalls bis 1118.

"For much of Byzantine history a series of historical accounts, often covering about fifty years each, continued, one after another, each giving a detailed account of the history of the empire from the perspective of the governmental and ecclesiastical elites. There was an element of self-consciousness about this tradition, even though, unlike in China, it was not a government project - thus Michael Psellos acknowledges Leo the Deacon, and Anna Komnena picks up the torch from Psellos." (Hervorhebung durch den Autor) [Halsall 1997]

Erstaunlich, wie diese Selbstorganisation der Geschichtsschreibung dort funktioniert haben soll!

Die Geschichtsschreiber haben also angeblich peinlichst genau darauf geachtet, ihre Werke genau da beginnen zu lassen, wo ein paar Jahrzehnte zuvor ein anderer den Schlusspunkt setzte. Außerdem hat die byzantinische Historiographie es fertiggebracht, keinen noch so kleinen Zeitraum auszulassen, obwohl es doch meistens nur einen, maximal zwei Leute gab, die sich dieser Aufgabe widmeten.

Wenn man alles später geschrieben hätte, wäre es klar: Warum sollte man Zeiträume auslassen, und warum sollten sich die Werke dann auch überschneiden? Außerdem reichen ein bis zwei Autoren (von denen einer vom anderen abschreibt) für jeden Zeitabschnitt vollkommen aus.

Man könnte fortsetzen: Die Fackel wird von Anna Komnena und Johannes Zonaras 1118 an Johannes Kinnamos und Niketas Choniates weitergereicht.

Das Jahr 1118 scheint das auffälligste überhaupt zu sein. Außerdem nimmt der Umfang der Werke im 12. Jh. deutlich zu.

Im Jahre 1118 (Tod von Alexios I., Ende des Werkes von Komnena, Ende der Weltchronik von Zonaras) enden nicht nur zwei Werke, sondern es beginnen dort auch zwei neue. An das Jahr 1118 schließen sich direkt zwei Werke an:

Johannes Kinnamos schreibt über die Zeit von 1118-1176, und Niketas Choniates über die Zeit von 1118-1206, wobei letzterer offensichtlich vom ersten abgeschrieben hat, womit die Zeit von 1118-1204 nur <u>ein</u> durchgehendes Geschichtswerk abdeckt!

Dieses doppelte Auftreten von offensichtlich abgeschriebenen Werken ("wurde als Quelle benutzt"), die dann auch gemeinsame Anfangs- oder Endpunkte haben, war auch schon für die Autoren des 11. Jh. aufgefallen.

Dann gibt es noch zwei Chroniken/Annalen von Constantine Manassas (Adam -1081, schon wieder Nikephoros III. !), Michael Glykas (Adam - 1118, schon wieder 1118 !). Dazu kommt die seltsame Logothetenchronik von Adam – 948.

Mehr gibt es dann offensichtlich auch gar nicht an Geschichtswerken (die wenigen Bücher, die nur einzelne Episoden beschreiben, mal ausgelassen) vom 10. bis vor dem Ende des 13. Jh. Weiter geht es erst mit Werken, die auf Ende des 13.- Anfang 14. Jh. datiert werden, und ca. bei 1204 anknüpfen ("pick up the torch", wie im obigen Zitat).

Die wohlstrukturierte römische Antike

Die Strukturierung in 95-Jahres-Intervallen

Abb. 46: Wandmalerei aus dem im Jahre 79 (nach offizieller Geschichte) durch den Ausbruch des Vesuv zusammen mit Pompeji verschütteten Herculaneum

Nach der Analyse der byzantinischen Geschichte ist es naheliegend, die davor liegende römische Antike zu untersuchen. Die römische Antike seit dem Beginn der Anno-Domini-Zeitrechnung ist über 95-Jahres-Abstände (Osterzyklus) strukturiert. In diesen Intervallen sind die entscheidenden Ereignisse angeordnet. Auch die beiden Sammlungen von Kaiserbiographien "De vita Caesarum" (Sueton) und "Historia Augusta" enden dort jeweils. Im Römischen Reich gab es bis zum Ende des Westreichs im Jahre 476 insgesamt sieben Herrscher-Dynastien, neben einer ganzen Menge weiterer Kaiser. Jeweils in den genannten Jahren der 95-Jahres-Intervalle (+/- 2) kommt eine neue Herrscher-Dynastie an die Macht bzw. endet eine alte (in Klammern exakte Zahl der 95er Osterzyklen):

0:

Geburt Jesu Christi und Anfang unserer Zeitrechnung (6. Weltzeitalter)

96 (95):

Ende der Flavier-Dynastie mit der Ermordung Domitians. Hier enden auch die Kaiserbiographien von Sueton. Mit dem folgenden Kaiser Nerva beginnt das Zeitalter der Adoptivkaiser, das bis 192 geht. Dies ist die Glanzzeit des Imperiums, das hier auch seine größte geographische Ausdehnung erreicht.

192 (190):

Fünfkaiserjahr und Bürgerkrieg. Ende der Dynastie der Adoptivkaiser mit der Ermordung von Commodus. Die Severer kommen an die Macht. Deren Dynastie geht dann nahtlos in die Reichskrise des 3. Jh. über. Bis zu diesem Zeitpunkt kamen fast alle Kaiser aus der Stadt Rom oder der näheren Umgebung. Die Dynastie der Severerer stammt aus Nordafrika und Syrien, und die nachfolgenden Kaiser bis zum Ende des 6. Jh. fast alle vom Balkan.

285 (285):

Endgültige Beendigung der Reichskrise durch Diokletian und Übergang zur spätantiken Gesellschaft. Hier enden auch die Kaiserbiographien der "Historia Augusta". Ebenfalls endet hier die Weltchronik des Georgios Synkellos, und die Chronik des Theophanes (bis 813) beginnt. Rom verliert endgültig seinen Status als Hauptstadt des Reiches. Diokletian macht Nikomedia (das heutige türkische Izmit) zu seiner Hauptstadt, und Konstantin I. verlegt die Hauptstadt nach Byzantium als "Nova Roma", später Konstantinopel. Diokletians Tetrarchie gehört der Vater von Konstantin I., Constantius I. Chlorus, an. Die Konstantinische Dynastie geht dann später in die Valentinianische Dynastie über - die Enkelin Konstantins I. heiratet den Sohn Valentinians I.

Von 285 bis zum praktischen Ende der Tetrarchie 313 (Maximinus Daia und Maxentius sterben, und Licinus ist im Westen besiegt) vergehen ebenso 28 Jahre wie vom Tod Neros und dem Ende der julisch-claudischen Dynastie im Jahre 68 bis zum Ende der Flavischen Dynastie 96. Das ist deswegen bemerkenswert, weil der Name "Flavius" nach dem Tod Domitians aus den Kaisernamen verschwindet, um dann ca. 200 Jahre später mit Constantius I. (*250; † 306) wieder aufzutauchen und über 350 Jahre Bestandteil fast aller Kaisernamen zu sein.

380 (380):

Das Christentum wird Staatsreligion. Mit dem Dreikaiseredikt "Cunctos populos" wird das Christentum in seiner trinitarischen Form zur offiziellen Staatskirche des Römischen Reiches erklärt. Bereits ein Jahr zuvor war mit Theodosius (Θεοδόσιος, deutsch: "Geschenk Gottes") eine neue Dynastie an die Macht gekommen. Diese setzt sich im Westen bis 472 (Anthemius) fort. Hier beginnt auch die Völkerwanderungszeit (genaue Angaben fehlen der offiziellen Geschichte; genannt wird meistens 375/376), die bis zum Einfall der Langobarden 568 dauert.

476 (475):

Ende des Weströmischen Reiches durch die Absetzung des letzten West-Kaisers Romulus Augustulus. Die Goten kommen an die Macht. Odoaker wird vom oströmischen Kaiser zum Dux Italiae ernannt und nimmt den Titel Rex (König) an. Der nächste West-Kaiser wird 324 Jahre später, im Jahre 800, Karl der Große sein. Mit ihm beginnt die Reihe der mittelalterlichen, in Rom vom Papst gekrönten Kaiser.

568 (570):

Die Langobarden in Italien - ein entscheidender Wendepunkt. Die Völkerwanderungszeit ist zu Ende. Die politische Einheit der

Halbinsel ist seitdem bis zum 19.Jh. verloren. Dies ist dann auch für die Historiker die Trennungslinie zwischen den Bezeichnungen "italisch" (Antike) und "italienisch" (Mittelalter und Neuzeit). Die Langobarden herrschen dort über 200 Jahre, bis zu Karl dem Großen. Mit der Eisernen Krone der Langobarden wurden Könige von Italien bis ins 19.Jh. gekrönt.

Außerdem:
Die erste römische Kaiserdynastie überhaupt, die julisch-claudische (Augustus, Tiberius, Caligula, Claudius, Nero) umfasst von 27 v.Chr. bis 68 AD ebenfalls 95 Jahre. Danach stammt fast kein Kaiser mehr aus dem alten Adel der Stadt Rom. Es folgen 69 AD die Wirren des Vierkaiserjahres. Die nachfolgenden Flavier-Kaiser Vespasian, Titus und Domitian regieren von 69-96 AD. Dies ist dann der Übergang zum regulären 95-Jahres-Rhytmus, wie beschrieben.

Die 7 römischen Kaiserdynastien zusammengefasst:
1) Julisch-claudische Dynastie (**27** v.Chr.-68 AD): **95 Jahre**
2) Flavische Dynastie (69-96): **27 Jahre**
3) Adoptivkaiser bzw. Antonianische Dynastie (96-192): **96 Jahre**
4) Dynastie der Severer (193-235): 42 Jahre
5) Konstantinische Dynastie (305- 363): 58 Jahre,
6) Valentinianische Dynastie (364-392): **28 Jahre**
7) Theodosianische Dynastie (379-472): **92 Jahre**

Von den 7 Dynastien haben 5 eine Dauer von 27/28 oder von 92/96 Jahren. Soll man das etwa für Zufall halten ?

95 + 27 = 122. Siehe hierzu die folgenden Abschnitte, wo die Strukturierung der römischen Königszeit und der Republik in 122-Jahres-Abständen analysiert wird.

Weiteres zur inneren Struktur der römischen Kaiserzeit

Es gibt noch weitere Regelmäßigkeiten, was die jeweilige Anzahl der Kaiser betrifft, wobei nur die legitim herrschenden Kaiser berücksichtigt werden:

1) julisch-claudische Dynastie (27 v.Chr.-68 AD): **5 Kaiser**

2) Galba, Otho, Vitellius (Vierkaiserjahr) + flavische Dynastie (68-96): **6 Kaiser**

3) Adoptivkaiser bzw. antonianische Dynastie (96-192): **7 Kaiser**

4) Fünfkaiserjahr + Severer (193-235): **9 Kaiser**
(ohne den nur kurz mitregierenden Kindkaiser Diadumenian wären es **8 Kaiser**, womit die Reihe aufgehen würde)

Dies sind bis zum Beginn der Reichskrise im Jahre 235 insgesamt 27 Kaiser. 26 wären es ohne Diadumenian.

Während der Reichskrise von 235-285 herrschen auch 26 Kaiser, so daß im Zeitraum von 0-285 (3 Osterzyklen à 95 Jahre) insgesamt 52 Kaiser an der Macht waren. Danach fehlen noch 2 Osterzyklen à 95 Jahre bis zum Untergang des Weströmischen Reiches 475/476.

Da wir bisher 2 x 26 Kaiser recht wohlstrukturiert gesehen haben, liegt es nahe, dass auch ein dritter Abschnitt mit 26 Kaisern folgt.

3 x 26 sind nun 78, eine Zahl, die aus dem Kapitel "Die Entschlüsselung des Konstantinopel-Codes" bekannt ist. Es gab 78 legitim herrschende Kaiser von Konstantinopel (Byzantinisches Reich) vom Anfang 324 bis zum Ende 1453.

Die Weiterführung der Reihe ist möglich (und es geht auch auf) – ich verzichte aber an dieser Stelle darauf, weil die Legitimität einiger Kaiser in der Spätzeit des Weströmischen Reiches umstritten ist.

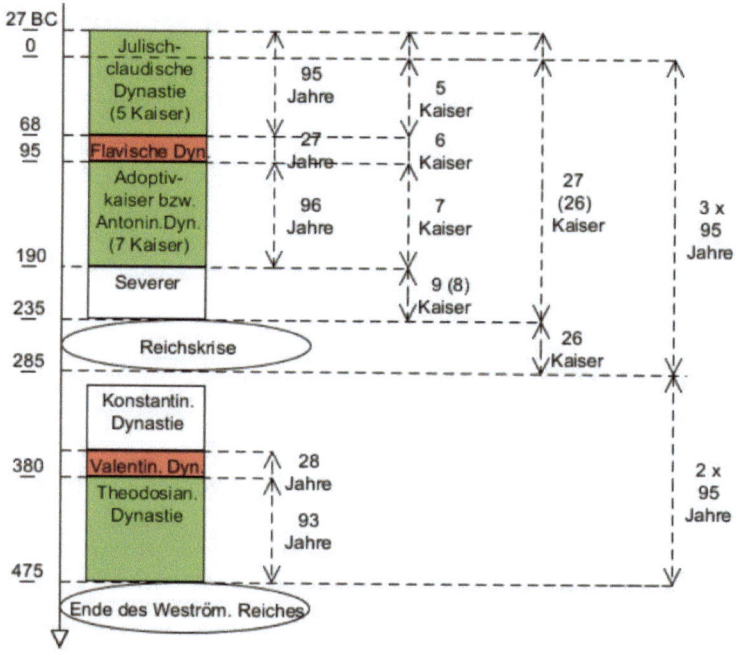

Grafik 19: Die Strukturierung der Kaiserzeit bis zum Ende des Weströmischen Reiches. Enthalten sind die legitimen Kaiser und die gleichrangigen Mitkaiser. Links auf der Zeitleiste sind die 95er Schritte und zwei weitere wichtige Daten eingetragen. Die zwei Kaiserzahlen in Klammern sind der Idealwert, die Zahlen ohne Klammern diejenigen derzeit nach offizieller Geschichte.

Das Konstruktionsschema der römischen Kaiser von 69 - 867/911

Die Anordnung der römischen Kaiser nach der Julisch-Claudischen Dynastie ab 69 AD wurde offensichtlich nach demselben Schema viermal wiederholt. Nicht alle Positionen der genau abgegrenzten Teile dieses Schemas von je ca. 200 Jahren lassen sich jedoch vollständig hierarchisch unter Oberbegriffe subsumieren. Nicht jedesmal sind alle Elemente voll ausgeprägt. Dies trifft insbesondere für den letzten Teil von 685-867/911 zu.

Vielmehr besteht hier bei mehreren Positionen eine Familienähnlichkeit im Sinne Wittgensteins. In den "Philosophischen Untersuchungen" sprach Wittgenstein bildhaft davon, "dass bei bestimmten Begriffen einzelne Fälle wie Fasern eines Fadens ineinandergreifen". Es handelt sich also weniger um ein Muster, nach dem die vier Teile strukturiert sind, sondern eher um einen Prototypen.

	Prototyp	69-284	284-491	491-695/711	685-867/911
1	*4 Kaiser in einem/zwei Jahr(en), von denen einer den nachfolgenden 27-Jahres-Abschnitt dominiert*	69: Galba, Otho, Vitellius und Vespasian	283/284: Carus, Carinus, Numerian, Diokletian	491: Anastasios erkennt im Westen des Römischen Reiches die drei Könige Chlodwig, Theoderich und Sigismund an	685-711: Justinian II., Leontios, Tiberios II., Philippikos
2	*27 Jahre herrscht ein Kaiser/eine Dynastie (Konsolidierung nach der Krise)*	69-96: Flavische Dynastie (Vespasian, Titus, Domitian)	284-311: Diokletian (Abdankung 305, Ende der Tetrarchie 311)	491-518: Anastasios I.	685-711: Justinian II.
3	*Erster Kaiser einer neuen Dynastie mit kurzer Regierungszeit*	96: Nerva (2 Jahre)	305: Constantius I. (1 Jahr)	518: Justin I. (8 Jahre)	717: Leo III. (3 bzw. 24 Jahre)
4	*Zweiter Kaiser derselben Dynastie mit sehr langer Regierungszeit („Superkaiser")*	98: Trajan (19 Jahre)	306: Konstantin I. (31 Jahre)	527: Justinian I. (38 Jahre)	720/741: Konstantin VI. (Mitkaiser 720, 34/55 Jahre)
5	*Nach Ende von Teil 2/ Beginn von Teil 3 sind es i.d.R. ca. 84 Jahre bis zum nächsten bedeutenden Ereignis/ neuen Dynastie*	Von 96 vergehen 97 Jahre bis zum Fünfkaiserjahr 193 (Krieg), in dem eine neue Dynastie an die Macht kommt, die nicht mehr aus Italien stammt,die Severer	Von 311 (Tod Diokletians) vergehen 84 Jahre bis 395 (Teilung des Römischen Reiches)	Von 518 vergehen 84 Jahre bis zu Phokas 602 (Putsch und Wendepunkt in der oströmischen Geschichte); neue Dynastie	Von 717 vergehen 85 Jahre bis Nikephoros I. 802; neue Dynastie

185

6	*ca. 10 Jahre eines Kaisers einer neuen Dynastie um die Jahrhundertwende*	193-211: Septimius Severus; danach Caracalla	395-408: Arcadius; danach Theodosius II.	602-610: Phokas; danach Herakleios	802-811: Nikephoros I.; danach Staurakios
7	*Ab Teil 6 sind es i.d.R. ca. 95 Jahre bis zum Ende; Nach Ende von Teil 6 langer Abschnitt mit Krise und Transformation*	Ab 193 vergehen 91 Jahre bis 284, als Diokletian die Reichskrise (Einfall der Germanen und Perser, sowie Sonderreiche, u.a. Araber, auf dem Boden des Römischen Reiches) überwindet und die spätantike Gesellschaft beginnt	Ab 395 vergehen 96 Jahre bis zu Anastasios I. (491); Reichskrise nach dem Einfall der Germanen und Untergang des Weströmischen Reiches; Bildung der Germanen-reiche auf dessen Boden	Ab 602 vergehen 93 Jahre bis zum Ende der 1. Amtszeit von Justinian II.; bis 711, dem Ende der 2. Amtszeit von Justinian II. (dem letzten der Dynastie) 109 Jahre; Austausch der Eliten und Gräzisierung des Reiches; riesiger Gebiets-verlust an die Perser und an die Araber	Ab 802 vergehen 65 Jahre bis 867, dem Beginn der Makedonischen Dynastie (ab da andere Strukturierung) und 109 Jahre bis 911; Bilderstreit und Makedonische Renaissance
	Dauer	215 Jahre	207 Jahre	204/220 Jahre	182/226 Jahre

Tabelle 26: Römische Kaiser 69-867/911

Es fällt auf, dass die drei herausragenden Kaiser nach Augustus jeweils an derselben Position im System angeordnet sind. Dies sind Trajan, Konstantin I. und Justinian I. Sie sind jeweils die zweiten einer neuen Dynastie nach dem 27-Jahres-Abschnitt zu Beginn (Position 4). Trajan ist der "optimus princeps", auch wegen seines Sinnes für Gerechtigkeit verehrt, selbst von Christen. Konstantin I. ahmt in vielem Trajan nach und wird dann der Kaiser, der dem Christentum zum Durchbruch verhilft. Justinian I. vereint in einer Art Synthese Gerechtigkeit und Christentum mit der Kodifikation des römischen Rechts und der energischen Verfolgung von Nichtchristen.

Abb. 47: Kaiser Trajan (98-117)

Abb. 48: Kaiser Konstantin I. (306-337)

Abb. 49: Kaiser Justinian I. (527-565)

Auch die Kaiser des 27-Jahres-Abschnitts zu Beginn sind nach demselben Muster gestrickt. Sie stabilisieren ein aus den Fugen geratenes Reich und konsolidieren es. Vespasian ist der Friedenskaiser nach den Wirren des Vierkaiserjahres 69 nach dem Ende der Julisch-Claudischen Dynastie. Diokletian überwindet die Reichskrise des 3. Jh. endgültig. Auch Anastasios I. konsolidiert das Reich, vor allem die Staatsfinanzen, nach den Barbareneinfällen des 5. Jh., und hinterlässt seinem Nachfolger einen riesigen Überschuss.

Weitere deutlich erkennbare Ähnlichkeiten sind an anderen jeweils gleichen Positionen der Teile des Systems unübersehbar. Z.B. führt der 1. Kaiser der Position 7 in Teil b) Theodosius II. Griechisch als Gerichts- und Verwaltungssprache ein (Der Historiker Fergus Millar vertritt die These, bereits Theodosius II., und nicht erst Herakleios, habe das Römische Reich in ein griechisches Reich "verwandelt".) Unter dem 1. Kaiser derselben Position in Teil c) Herakleios wird das Reich endgültig gräzisiert. Griechisch löst Latein als Amtsprache ab, und der Kaiser nimmt den Titel "Basileus" anstatt "Imperator" an, bekannt schon aus der griechischen Antike.

Die römische Königszeit

Wenden wir uns nun der römischen Antike vor der Kaiserzeit zu, beginnend bei der Gründung Roms 753 v.Chr. Die Römische Königszeit von 753-509 v.Chr. ergibt für die Amtszeiten der Könige Wiederholungen:

1) Romulus: 37-38 Jahre
2) Numa Pompilius: 43-44 Jahre
3) Tullus Hostilius: 32 Jahre
4) Ancus Marcius: 24-25 Jahre
5) Lucius Tarquinius Priscus: 37-38 Jahre
6) Servius Tullius: 43-44 Jahre
7) Lucius Tarquinius Superbus: 24-25 Jahre

Die Reihe 37/38 => 43/44 => 24/25 wiederholt sich also, nur unterbrochen von Tullius Hostilius. Leider ist das Geburtsjahr des letzten Trios nicht überliefert, so daß man nicht mehr prüfen kann, ob eventuell auch das Alter der Thronbesteigung oder andere Details identisch sind.

Wie lange dauerte ein Saeculum in der römischen Antike ?

In der römischen Antike wurden sogenannte Saecularfeiern abgehalten, orientiert am Gründungsjahr Roms (753 v.Chr.). Ein Saeculum umfaßte dabei eine Zeitdauer, die die maximale Lebenszeit eines Menschen beträgt. Ursprünglich soll eine Saecularfeier angeblich dann fällig gewesen sein, wenn keiner mehr lebte, der bei der letzten Saecularfeier dabei war. Auf jeden Fall war es ein recht unbestimmter Zeitraum.

Kaiser Augustus (* 63 v.Chr.; † 14 n.Chr.), soll von der Dauer eines Saeculums von 110 Jahren ausgegangen sein, und hielt eine Saecularfeier im Jahre 17 v.Chr. ab. Nur muß er sich dabei verrechnet haben, denn das 7. Saeculum wäre erst 17 <u>nach</u> Chr. um gewesen.

Auch Varro (* 116 v.Chr.; † 27 v.Chr.), von dem die Festlegung des Gründungsjahres von Rom 753 v.Chr. stammt (natürlich nicht in christlicher Zeitrechnung), soll ein Saeculum der Länge von 110 Jahren angenommen haben. Er soll vom Untergang Trojas 1193 v.Chr. (nach Eratosthenes) ausgegangen sein, und berechnete die Gründung Roms vier Saecula à 110 Jahre später, für ihn die nach Astrologen richtige Zeitspanne zwischen Tod und Wiedergeburt.

Kaiser Domitian (* 51; † 96) ließ auch eine Säkularfeier abhalten, angeblich 6 Jahre zu früh im Jahre 88 AD. Nach der Säkularfeier von Augustus 17 v.Chr. wäre das 110-jährige Säkulum erst 94 AD um gewesen.

Vielleicht hat Domitian aber doch richtig gefeiert, zwar einerseits 6 Jahre zu früh, aber andererseits doch richtig ? Und Augustus war vielleicht gar kein Mathelegastheniker ?

Wir werden sehen ...

Überliefert sind vor Augustus lediglich drei Säkularfeiern in den Jahren 509 v.Chr., 249 v.Chr. und 146 v.Chr. Nun paßt keines dieser drei Jahre in das 110-Jahres-Raster, das von Augustus und Varro angenommen worden sein soll, nicht mal ansatzweise !

Geht man jedoch von Intervallen mit einer Länge von 122 Jahren aus (95+27 bzw. 84+19+19), so liegt 509 v.Chr. genau auf der Linie, und 146 v.Chr. nur drei Jahre daneben. Immerhin passen jetzt zwei Daten von dreien recht gut.

Selbst Augustus wäre von seiner Unfähigkeit zu einfachen Additionen geheilt ! Denn von 753 v.Chr. ausgehend gelangen wir bei 6 Intervallen von jeweils 122-123 Jahren perfekt ins Jahr 17 v.Chr., dem Jahr seiner Säkularfeier.

Auch Domitian würde mit seiner um 6 Jahre verfrühten Feier passen. Denn das 7. Säkulum ist bei einer Länge von 122 Jahren im Jahre 101AD um, so dass er die Feier im Jahre 95 hätte abhalten können. Das passt dann auch gleichzeitig einigermaßen zu einem 110-jährigen Säkulum, denn die Säkularfeier von Augustus 17 v.Chr. war 112 Jahre zuvor.

Und auch Troja können wir in diesem System perfekt unterbringen. Nach Herodot, dem "Vater der Geschichtsschreibung" (Cicero), fand der Trojanische Krieg um 1250 v.Chr. statt (abweichend von Eratosthenes). Von 753 v.Chr. ausgehend, gelangen wir vier Intervalle à 122 Jahre früher ins Jahr 1241 v.Chr., was ausgezeichnet passt, und wohl auch Varro gefallen würde.

(Spätere Säkularfeiern gingen auch von einem Saeculum der Länge von 100 Jahren aus. So feierte Kaiser Claudius im Jahre 47 AD die 800-Jahres-Feier Roms, und Kaiser Philippus Arabs im Jahre 248 AD 1000 Jahre Rom. Im Mittelalter gewann dann "Saeculum" offensichtlich wieder die Bedeutung eines in seiner Länge recht unbestimmten Zeitalters, auch eines Weltzeitalters.)

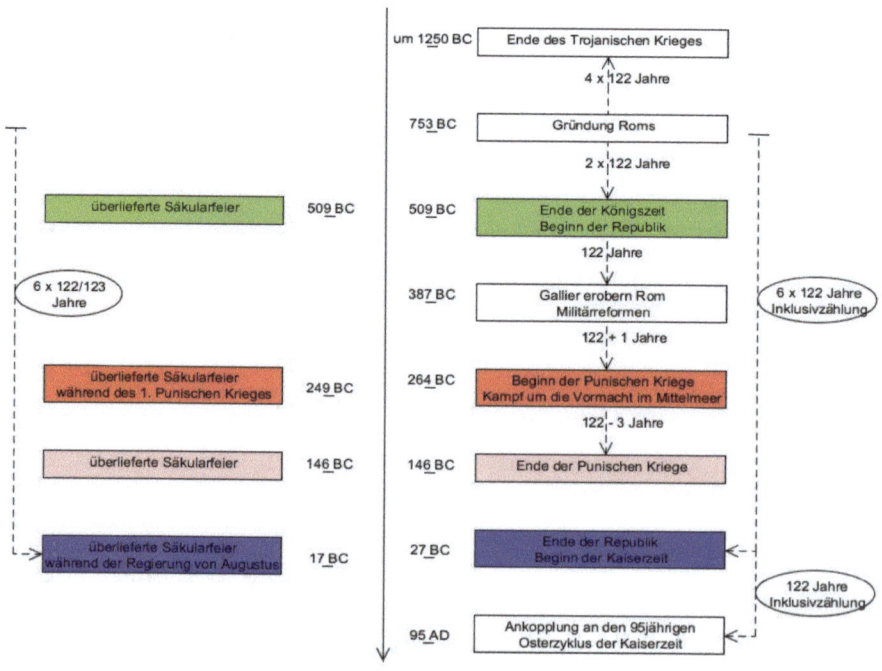

Grafik 21: Die vom Autor vorgeschlagene Strukturierung der Römerzeit in 122-Jahres-Abständen (rechts) und die dazu perfekt passenden überlieferten Säkularfeiern bis zu Augustus. Ansonsten sind v.u.Z. keine Sälularfeiern überliefert.

190

Die Römische Republik

Aus der römischen Königszeit liegen keine weiteren konkreten Jahreszahlen vor. Die Königszeit dauerte von 753-509 v.Chr., also 244 Jahre, entsprechend 2 x 122 Jahren.

Die Römische Republik nach der Vertreibung des letzten Königs 509 v. Chr. ist mit den entscheidenden Eckdaten im Abstand von 118-123 Jahren wie folgt strukturiert, wobei dem Selbstverständnis der Römer folgend, militärische Ereignisse im Mittelpunkt stehen:

509 v.Chr.

- 122 Jahre = 387 v.Chr.: Schwerer Rückschlag durch die Niederlage gegen die Gallier und die Eroberung Roms durch diese – danach wichtige Militärreformen, ohne die der Aufstieg Roms undenkbar wäre

- 123 Jahre = 264 v.Chr.: Beginn der Punischen Kriege, Beginn des Kampfes um die Hegemonie im Mittelmeerraum

- 118 Jahre = 146 v.Chr.: Ende der Punischen Kriege, endgültige Vormachtstellung im Mittelmeer, und auch Eingliederung Griechenlands

- 119 Jahre = 27 v.Chr.: Ende der Republik, Beginn der Kaiserzeit

122 Jahre nach 27 v.Chr., im Jahre 95 AD, wird der 122-Jahres-Rhythmus an den 95-jährigen Osterzyklus angekoppelt, in dem dann die entscheidenden Ereignisse der römischen Kaiserzeit und Spätantike angeordnet sind, wie oben beschrieben. In der Zeit der römischen Republik sind daher die Intervalle um insgesamt 6 Jahre kürzer (118 und 119 Jahre anstatt 122), damit die Verbindung klappt.

Ein paar weitere Anmerkungen zu den antiken Römern:

Der erste Herrscher und König der Stadt Rom hieß Romulus (auch Ῥῶμος = Romus genannt), nachdem der unterlegene Mitgründer Remus die Gründung nicht überlebte.

Und die alten Römer brachten es fertig, daß der letzte Herrscher und Kaiser des Weströmischen Reiches auch Romulus (Römerlein) hieß.

Geboren wurde er als Romulus Augustus - wie der erste Kaiser der Römer, der "Augustus" genannt wird (Romulus Augustus wurde Augustulus, das Kaiserlein, genannt. Er bekam dann noch einen Augustus-Titel dazu, als er Kaiser wurde, wie alle Kaiser).

Und Romulus Augustus ist außer den beiden ersten sowohl der einzige römische Herrscher mit dem Namen Romulus, als auch der einzige römische Herrscher mit dem (Geburts-)Namen Augustus.

So vereint der letzte Kaiser des Weströmischen Reiches sowohl den Namen des ersten Herrschers der Stadt Rom als auch den des ersten Kaisers des Römischen Reiches in einer Person.

Im Osten des Römischen Reiches hat das genausogut geklappt. Der erste Kaiser von Konstantinopel (und Stadtgründer) und der letzte heißen genauso und tragen ebenso den Namen der Stadt in sich. Der erste war Konstantin I., der letzte Konstantin XI.

Es gab nach offizieller Geschichte jeweils genau 36 Könige/Herrscher in den germanischen Nachfolgereichen im Westen des Römischen Reiches,

1) bei den Westgoten
(beim Zählen beachten: Theoderich der Große war eigentlich König der Ostgoten, deren Dynastie genauso lang dauerte wie die der Ottonen, 105 Jahre lang, mit weiteren Parallelen wie in [Arndt 2012, S. 146 f.] beschrieben)),

2) bei den Merowingern,

3) bei den Langobarden,

4) bei den Burgunden.

Interessanterweise, und das kann kein Zufall sein, ist 36 auch die Anzahl der assyrischen Könige nach dem dubiosen "Eusebius". Bekanntermaßen waren Assyrer nach Vorstellungen des Mittelalters und der Frühen Neuzeit Vorfahren der Deutschen. Die Stadt Trier wurde z.B. nach einer Geschichte, die heute "Sage" genannt wird, von Trebeta, dem Sohn des Assyrerkönigs Ninus, gegründet.

Die wohlstrukturierte Papstliste

Einleitung

In der Papstliste dient der Zeitraum von 384-530 für den Zeitraum von 687-891 hinsichtlich der Amtszeiten als Vorlage für eine Kopie.

Abb. 50: Hieronymus [deutsch: Heiliger Name] (347-420) galt im Mittelalter als Verfasser des "Buches der Päpste". Er ist nach offizieller Geschichte auch Verfasser der seit dem 16. Jh. vom Papst abgesegneten Bibelversion Vulgata. Früher galt er auch einmal als Erfinder der kyrillischen Schrift.

Der Zeitraum von 523-685 dient für den Zeitraum von 685-858 hinsichtlich der Namen als Vorlage für eine Kopie.

Im Zeitraum von 685-858 (173 Jahre) gibt es im Vergleich zu 523-685 (162 Jahre) eine hohe Korrelation bezüglich der Namen der Päpste.

Genauer gesagt

1) identische Namen,
2) sehr ähnliche Namen, oder
3) ein identisches Muster der Namenswiederholung.

Auf 50 % aller Papstnamen dieser Zeit treffen diese Merkmale zu.

Die Grenzen 384, 530, 687 und 891 entsprechen dem Ende jeweiliger Abfassungen des "Liber pontificalis" (offizielles "Buch der Päpste") in der Überlieferung und sind somit quellenbasiert und historisch begründet. Dass es gerade an diesen Grenzen (und weiteren) auch Brüche in der Strukturierung gibt, belegt den artifiziellen Charakter der gesamten Papstliste.

Im Einzelnen:

Bereits Fomenko ([Fomenko 2003-2006] Band 1, S. 270) hat die Papstliste untersucht, und dabei festgestellt, dass zwei Abschnitte hinsichtlich der Dauer der Amtsperioden miteinander korrelieren. Es sind dies die Jahre von 141-314 und 314-532.

Vermutlich ist hier der erste Zeitraum von der Fälschung betroffen, da auch andere Indizien darauf hinweisen. Aber auch der zweite Zeitraum weist eine im Vergleich zu den Jahren zuvor und danach ausgeprägte Ungewöhnlichkeit auf.

Vor 314 (Silvester I.) stammt nur weniger als die Hälfte der Päpste aus Rom und der näheren Umgebung. Mehr als die Hälfte kam aus Süditalien und dem Osten des Römischen Reiches. Im Zeitraum nach Silvester I. bis Bonifatius III. (607) wird als Herkunftsort der meisten Päpste Rom und Mittelitalien genannt.

Ab 608 (Bonifatius IV.) stammen bis 752 (Zacharias) die meisten Päpste wieder aus Süditalien und dem Osten, deutlich abweichend von der Zeit davor und danach. Ca. 700 Jahre später (1309) wird der Papstsitz für 68 Jahre Avignon (Umzug nach Rom 1376/77). Alle Päpste dieser Zeit stammen aus Frankreich. Und ebenfalls ca. 700 Jahre später (1453) fällt Konstantinopel, und das Byzantinische Reich endet. 1455 endet dann die wohlstrukturierte Papstliste und der spanische Borgia-Papst Kalixt III. tritt sein Amt an.

Ich werde im Folgenden anhand der Analyse der Namensstrukturen der Päpste zeigen, dass die Papstliste von 685-1455 AD ganz offensichtlich aus Kopien vorangegangener Abschnitte sowie Konstruktionen besteht. Dies umfasst einen Zeitraum von 770 Jahren.

Die kopierten bzw. konstruierten Abschnitte haben jeweils eine Länge von 10 (einmal), 14 (dreimal), 18 (dreimal) bzw. 21 (einmal) Päpsten.

Päpste mit Namen Theodor (o.ä.) spielen bei den Kopien eine ähnliche Rolle wie auch schon bei den Merowinger-Königen, als "Hintergrundrauschen". Natürlich werden sie auch hier mit aufgeführt, wie alle anderen Päpste. Es wird kein Papst ausgelassen.

Gegenpäpste werden nicht berücksichtigt, mit Ausnahme von Johannes XVI. Philagathos, dem Lehrer von Kaiser Otto III. Er könnte aber auch ohne großen Verlust weggelassen werden. Die Bewertung als "Gegenpapst" scheint allerdings neu zu sein, denn in der Papstliste folgt auf diesen Johannes XVI. ein Johannes XVII. - die Nummerierung wird also fortgeführt, als wenn es kein Gegenpapst wäre. Erst viel später wird dann ein Johannes ausgelassen - es gibt keinen Johannes XX. Johannes XXI. folgt auf Johannes XIX.

(Gegen-)Päpste mit Namen Anastasius (griechisch für "der Auferstandene") spielen eine interessante Rolle, indem sie mehrmals Anfang und/oder Ende der konstruierten Abschnitte markieren. Neben Anastasius (dreimal) ist es der Name Johannes, der ebenfalls zweimal zwischen den einzelnen Teilen angeordnet ist (der XIV. und der XXI.). Dies sind dann auch zwei zentrale Figuren im Christentum: Johannes (der Täufer) und der Auferstandene, ein Synonym für Jesus Christus.

Daneben gibt es nur zwei andere Päpste mit anderen Namen zwischen den einzelnen Teilen: Lando (913-914) und Eugen III. (1145-1153), aber nur jeweils zusammen mit Päpsten mit Namen Anastasius. Nie sind mehr als zwei Päpste zwischen den Teilen angeordnet.

Lando und Eugen III. sind Ausnahmen in jeder Hinsicht. Über Lando ist nicht viel bekannt. Er war aber der letzte Papst überhaupt, dessen Name später nicht wieder von anderen Päpsten angenommen wurde. Außerdem war er der letzte Papst mit einem neuen Namen (Johannes Paul I., 1978 für 33 Tage Papst, hatte einen neuen zusammengesetzten Namen, dessen Teilnamen aber bereits zuvor vergeben wurden). Also, alle Päpste nach ihm tragen ausschließlich Namen, die vorher schon von anderen Päpsten getragen wurden.

Eugen III. war der der erste Papst des Zisterzienserordens. Er war kein Bischof - ungewöhnlich für einen Papst seiner Zeit. Mehrere

Male wurde er aus Rom vertrieben, so dass er sich während seines Pontifikats kaum in Rom aufhielt. Eugen war ein Schüler des Heiligen Bernhard von Clairvaux (1090-1153) und hatte Verbindungen zum Templerorden.

Insgesamt umfasst die gesamte wohlstrukturierte Papstliste acht Teile.

1) 685 - 752
2) 752 - 858
    Anastasius III. (Gegenpapst)
3) 844 - 911
    Anastasius III.
    Lando
4) 914 - 983
    Johannes XIV.
5) 984 - 1048
6) 1046 - 1145
    Eugen III.
    Anastasius IV.
7) 1154 - 1276
    Johannes XXI.
8) 1277 - 1455

Im Zeitraum von 1046-1455 sind genau 400 Jahre wohlstrukturiert. Dies sind 100 Jahre von 1046-1145 und 300 Jahre von 1154-1455 (122+178 Jahre). Dazwischen liegen 9-10 Jahre.

Für die anderen Zeiträume (314-685) kann mit den vorhandenen Methoden keine Aussage darüber getroffen werden, inwiefern hier auch eine Fälschung vorliegt. Das bedeutet natürlich nicht automatisch, dass sie richtig sind. Dies betrifft vor allem die Abschnitte 523-607 und 607-685. Besonders problematisch ist hier der letztgenannte Zeitraum.

Hier scheint der Abschnitt von 523-607 (14 Päpste) zum ersten Mal für eine Kopie verwendet worden zu sein. Die anderen beiden Abschnitte sind die von 914-983 und 984-1048. Dort sind auch wesentlich deutlichere Anzeichen einer Kopie erkennbar.

Der Zeitraum zwischen Johannes II.-Johannes III. wird auch in einer anderen Kopie abweichend behandelt. Von 914-983 entsprechen den vier Päpsten auch vier Päpste. Von 984-1048 sind es aber sieben. Auch von 685-752 weicht lediglich die Anzahl in diesem Zeitraum von 523-607 ab - zwischen den

Abb. 51: Papst Gregor I. (590-604) beim Diktieren eines Gregorianischen Gesangs. Auf ihn wird diese Bezeichnung zurückgeführt.

beiden Päpsten Johannes liegt hier kein weiterer Papst.

685	523
Johannes V.	Johannes I.
Konon	Felix III.
Sergius I.	Bonifatius II.
Johannes VI.	Johannes II.
----------------	4 Päpste
Johannes VII.	Johannes III.
Sisinnius	Benedikt I.
Constantinus I.	Pelagius II.
Gregor II.	Gregor I.
Gregor III.	Sabinianus
Zacharias	Bonifatius III.

197

Dieser Abschnitt wurde als variierte Kopie des Abschnitts 607-685 erstellt und umfaßt 14 Päpste.

Dieser Abschnitt beginnt mit jeweils 2+1 gleichnamigen Päpsten, hat teilweise (fast) gleichnamige Päpste parallel, und wird mit Päpsten mit Namen Leo und Benedikt beendet.

752	607
Stephan (II.)	Bonifatius III.
Stephan II.	Bonifatius IV.
Paul I.	Adeodatus I.
Stephan III.	Bonifatius V.
Hadrianus I. (HNRS)	Honorius I. (HDRNS)
Leo III.	Severinus
Stephan IV.	Johannes IV.
--------------	Theodor I.
Paschalis I.	Martin I.
Eugen II.	Eugen I.
Valentin (VLTN)	Vitalian (VTLN)
------------	Adeodatus II. (=Theodor)
Gregor IV.	Donus
Sergius II.	Agatho
Leo IV.	Leo II.
Benedikt III.	Benedikt II.

Nach der Krönung des letzten Papstes folgt 855 ein Gegenpapst mit Namen Anastasius ("der Auferstandene").

Die Frage, ob nicht bereits der Zeitraum von 607-685 selbst erfunden ist (so wie auch der von 523-607), kann so nicht beantwortet werden. Es ist aber auffällig, dass die Päpste von 608-752 überwiegend aus Süditalien und dem Osten stammen, abweichend von der Zeit davor und danach, wie schon eingangs erwähnt wurde.

Dieser Abschnitt ist teilweise eine Konstruktion (Anfang und Ende) und teilweise eine gering variierte Kopie des 418 (!) Jahre später beginnenden Abschnitts 1276-1334, der eindeutig konstruiert ist (wie unten gezeigt wird). Es sind 18 Päpste enthalten.

Päpste 844 - 911	Päpste 1276 - 1334	Differenz
Sergius II. Leo IV. Benedikt III.		
Gegenpapst Anastasius III.		
Nikolaus I. **Hadrianus II.** **Johannes VIII.**	**Hadrianus V.** **Johannes XXI.** **Nikolaus III.**	418 Jahre
Mar(t)inus I. Hadrianus III. (HDRNS) Stephan V. Formosus Bonifatius VI. Stephan Romanus Theodor Johannes IX.	Martin II. Honorius IV. (HNRS) Nikolaus IV. Coelestin V. Bonifatius VIII. Benedikt XI. Clemens V. --------------- Johannes XXII.	418 Jahre
Benedikt IV. Leo V. Sergius III.	Benedikt XII.	
Anastasius III.		

Tab. 27: Die wohlstrukturierte Papstliste von 844-911. 911 folgt ein Papst mit Namen Anastasius ("der Auferstandene"). Hadrianus/Honorius sind in der gesamten Papstliste mehrmals parallel angeordnet. Päpste mit Namen Theodor ("Gottesgabe") stehen als einzige Päpste mehrmals ohne Parallelpapst. Die Päpste mit Namen Marinus wurden früher als Martinus geführt.

Nach diesem Abschnitt folgt 911 ein Papst mit Namen Anastasius ("der Auferstandene") (sowie Papst Lando).

<h2 style="text-align:center">914 – 983</h2>

Dieser Teil umfaßt 14 Päpste. Hier liegt eine variierte Kopie des Abschnitts vom 523-590 sowie eine Konstruktion vor. Schema:

1) Johannes

2) zwei weitere Päpste, zu Ananfg 2x Leo+Stephan,

dann Leo+Benedikt, dann 2x Benedikt

Die beiden Ausnahmen sind an der selben Stelle genau in der Mitte platziert.

914	983
Johannes X.	Johannes I.
Leo VI.	Felix III.
Stephan VII.	Bonifatius II.
Johannes XI.	Johannes II.
Leo XII.	Agapitus I.
Stephan VIII.	Silverius
Marinus II.	Vigilius
Agapitus II.	Pelagius I.
Johannes XII.	Johannes III.
Leo VIII.	Benedikt I.
Benedikt V.	Pelagius II.
Johannes XIII.	
Benedikt VI.	
Benedikt VII.	
Johannes XIV.	

<h2 style="text-align:center">984 – 1048</h2>

Eine weitere Variation des Abschnitts von 523-608, ebenfalls mit 14 Päpsten. Dieser Abschnitt ist um die Päpste Gregor V. als ersten deutschen Papst (Pendant: Bonifatius II. als erster germanischer Papst) und Clemens II. als zweiten deutschen Papst (Pendant: Pelagius II. als zweiter germanischer Papst) strukturiert. Beide Päpste haben einen zeitlichen Abstand von 466 Jahren [siehe Arndt 2012, S. 145 ff.].

Offensichtlich ist die Papstliste um 466 Jahre verschoben, und nicht um 462 (Ottonen) oder 470 Jahre (Karolinger).

Nach den ersten sechs deutschen Päpsten im 10./11.Jh. folgt der siebente, und bis vor kurzem letzte, deutsche Papst (Hadrian VI.) 464 Jahre nach dem sechsten, 1058 => 1522.

Auch bei den wichtigsten Lebensdaten von Karl I. von Anjou (König von Sizilien/Neapel, zeitweise Regent von Frankreich und mächtigster Herrscher Europas, der möglicherweise die Vorlage für Karl den Großen lieferte, findet man 466/470 Jahre Differenz zu einem wesensgleichen Herrscher vor. Karl I. von Anjou starb 1285, 471 Jahre nach Karl I. dem Großen (814). Er wurde Weihnachten 1266 (orthodox 6. Januar) vom Papst in Rom gekrönt, 466 Jahre nach Karl dem Großen [siehe auch Arndt 2015/2].

984	530
Bonifatius VII. Johannes XV.	Bonifatius II. (= Gregor V. 466 Jahre) Johannes II.
Gregor V. (= Bonifatius II. 466 Jahre)	
Johannes XVI. Philagathos Silvester	Agapitos Silverius
21 Jahre (4 Päpste)	24 Jahre
Johannes XIX. Benedikt IX.	Johannes III. Benedikt I.
Silvester III. (Giovanni di Sabina)	
Gregor VI. Clemens II. (466 Jahre Abstand)	Pelagius II. (466 Jahre Abstand) Gregor I. Sabinianus

Man kann hier sehen, dass die Päpste <u>vor</u> Clemens II. (Silvester III., Giovanni di Sabina, und Gregor VI.) den Päpsten <u>nach</u> Pelagius II. (Gregor I. und Sabinianus) entsprechen.

1046 – 1145

Dieser Teil umfaßt 100 Jahre, 18 Päpste, und ist klar konstruiert. Er wird bestimmt von den "II.", zu Beginn noch abgewechselt von den "IX.". Genau in der Mitte liegen zwei Päpste mit abweichenden Nummerierungen.

Clemens II.
Benedikt IX.
Damasus II.
Leo IX.
Viktor II.
Stephan IX.
Nikolaus II.
Alexander II.
Gregor VII.
Viktor III.
Urban II.
Paschalis II.
Gelasius II.
Calixt II.
Honorius II.
Innozenz II.
Coelestin II.
Lucius II.

Nach diesem Teil folgt Eugen III. (1145-1153), und danach Anastasius IV. (1153-1154).

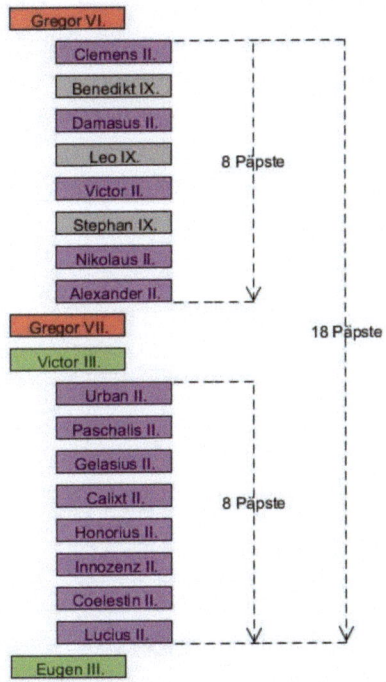

1154 – 1276

Direkt davor liegt ein Papst mit Namen Anastasius. Dieser Teil hat eine Länge von 122 Jahren und umfaßt auch 18 Päpste. Jeweils am Anfang und am Ende liegt ein Papst mit Namen Hadrian (Hadrian IV. = Nikolaus Breakspear). Dieser Teil wird von den "III." und "IV" bestimmt.

Die Konstruktion ist etwas komplizierter. Man sucht zuerst eine auffällige, ungefähre Mitte (wie im gerade beschriebenen Teil) und sortiert die Päpste nach der Anzahl ihres Auftretens. Es gibt zwei Päpste, die einmal erscheinen, und zwei Päpste, die dreimal erscheinen.

Die restlichen fünf Namen gibt es je zweimal. Die jeweils dritten Innozenz´ und Gregors sind rund um die Mitte Honorius III. angeordnet (siehe auch oben: zweimal Hadrianus = Honorius, d.h. an gleicher Stelle), direkt davor und danach die beiden Coelestins.

Hadrian IV.
Alexander III.
Lucius III.
Urban III.
Gregor VIII.
Clemens III.
Coelestin III.
Innozenz III.
Honorius III.
Gregor IX.
Coelestin IV.
Innozenz IV.
Alexander IV.
Urban IV.
Clemens IV.
Gregor X.
Innozenz V.
Hadrian V.

Die Mitte von Coelestin III.-Coelestin IV. läßt man außen vor, ebenso den nur einmal vertretenen Lucius. Dann hat man jeweils zwei Päpste mit gleichem Namen. Diese sind nach folgendem Schema angeordnet:

1.) Alexander
2.) Urban
3.) Gregor / Clemens
4.) Clemens / Gregor
5.) Innozenz

Darin ist also ein weiteres Muster erkennbar, wenn man zuerst dies sieht:

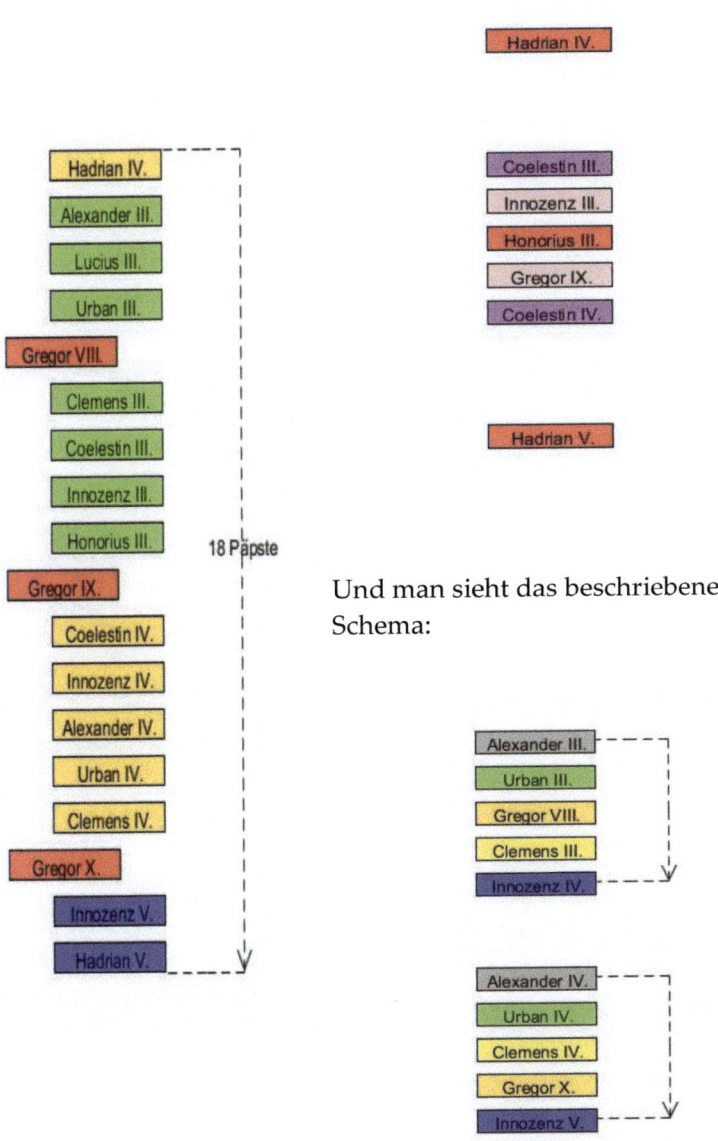

Und man sieht das beschriebene Schema:

Dieser Teil hat eine Länge von 178 Jahren und 21 Päpste. Jeweils am Anfang und am Ende liegt ein Papst mit Namen Nikolaus.

Direkt davor liegt noch außer der Reihe Johannes XXI. (1276-1277).

Auch hier fällt auf, dass die meisten Namen, nämlich sieben, zweimal vorkommen. Einen Namen gibt es dreimal und vier Namen einmal. Zum Finden des Konstruktionsprinzips geht man genauso vor wie eben. Jeweils zwei gleichnamige Päpste folgen aufeinander. Es ist aber noch ein wenig komplizierter. Man sucht zuerst einen "ungewöhnlichen" Papst ungefähr in der Mitte. Dies ist Johannes XXII. mit einer völlig aus dem Rahmen fallenden Nummerierung. Er ist der erste Papst, der seine Amtszeit in Avignon beginnt, nach zweieinhalb Jahren Papstlosigkeit. Gregor XI. verlegt dann 1376/77 seinen Sitz wieder von Avignon nach Rom.

Abb. 52: Der Einzug von Papst Gregor XI. in Rom 1377 (Fresko von Giorgio Vasari, ca. 1571–1574)

Direkt davor und danach liegen nacheinander zwei Päpste mit Namen Benedikt und Clemens. Damit ist das Prinzip vorgegeben. Vor Benedikt XI. liegt ein Bonifatius, und nach Clemens VI. ein Innozenz. Diese würden ohne die Päpste in der Mitte direkt aufeinander folgen. Ebenso direkt aufeinander folgen Bonifatius IX. und Innozenz VII.

Ohne diese beiden Bonifatius IX. und Innozenz VII. würden Urban VI. und Gregor XII. aufeinander folgen. Urban V. und Gregor XI. folgen auch direkt aufeinander.

Ebenso folgen aufeinander Martin IV. und Nikolaus IV., sowie Martin V. und Nikolaus V., wenn wie im vorigen Teil (1154-1276) die nur einmal auftretenden Papstnamen Honorius und Eugen ignoriert werden. Das war's dann auch schon.

Nikolaus III.
Martin IV.
Honorius IV.
Nikolaus IV.
Coelestin V.
Bonifatius VIII.
Benedikt XI.
Clemens V.
Johannes XXII.
Benedikt XII.
Clemens VI.
Innozenz VI.
Urban V.
Gregor XI.
Urban VI.
Bonifatius IX.
Innozenz VII.
Gregor XII.
Martin V.
Eugen IV.
Nikolaus V.

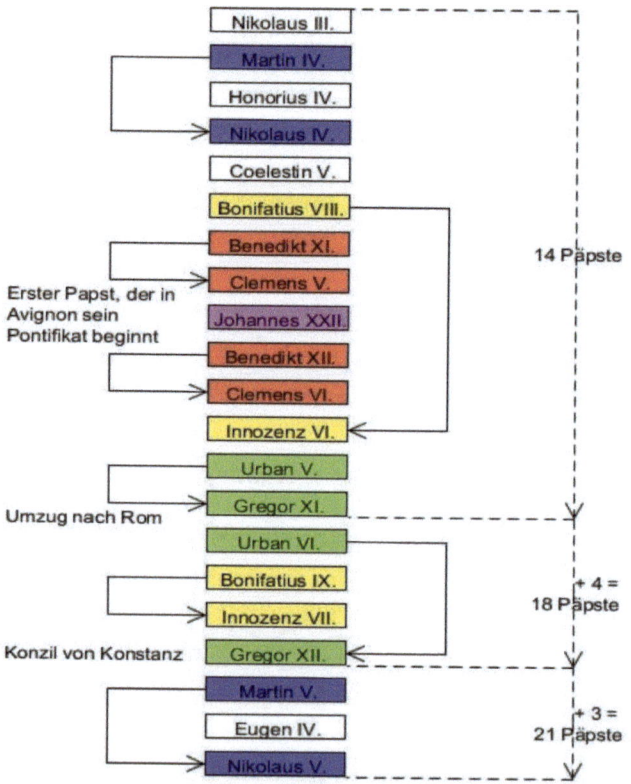

Die Päpste, die aus Frankreich stammen (Urban II. 1088-1099 bis Gregor XI. 1370-1378) sowie die Päpste mit Namen Urban in dieser Zeit sind auch sehr symmetrisch angeordnet. Erkennbar sind auch zwei Blöcke mit jeweils vier gleichnamigen Päpsten von 1261-1276 und von 1342-1378.

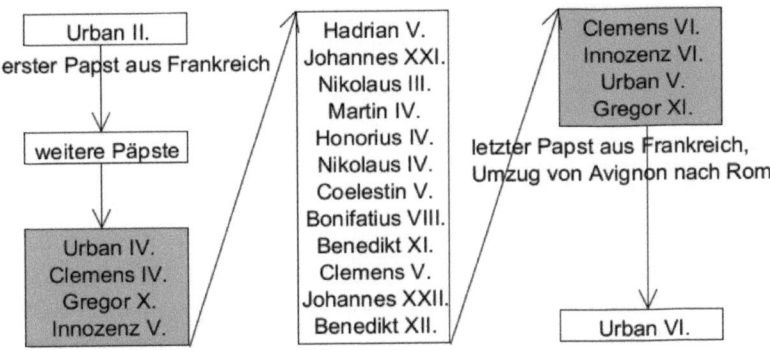

Die Päpste der Borgia und Medici

1455 folgt Alfonso Borgia als Kalixt III. Es fällt auf, dass nach diesem mit Pius II. und Paul II. zwei Päpste mit einer II.er Nummerierung folgen, etwas, das nach der II.er Flut von 1046-1145 nicht wieder vorgekommen war (Pius I. 140-155 und Paul I. 757-767). Es folgen in den nächsten Jahrzehnten weitere Päpste mit Namen, die seit über einem Jahrtausend nicht mehr getragen wurden, neben weiteren Pauls und Pius`:

Sixtus IV. (1471-1484) - zuletzt 432-440
Julius II. (1503-1513) - zuletzt 337-352
Marcellus II. (1555) - zuletzt 308-309

Marcellus II. ist dann auch der letzte Papst mit einer echten II.-Nummerierung in der Geschichte der Päpste (Johannes Paul II., 1978-2005, trug ja eigentlich einen zusammengesetzten Namen, so wie sein direkter Vorgänger).

Abb. 53: Papst Kalixt III. (1455-1458), der erste Borgia-Papst, und gleichzeitig der erste Papst nach der Wohlstrukturierten Papstliste

Mit Kalixt III. verändert sich das Wesen des Papsttums nach offizieller Geschichte entscheidend. Machtgier, Nepotismus, Mordlust und Kriegsführung der Päpste erreichen einen bislang ungekannten Grad. Im Vergleich dazu dürfte die Fälschung von sieben Jahrhunderten Papstgeschichte (oder gar noch mehr) zur besseren Legitimation des Machtanspruchs fast ein Kavaliersdelikt sein. Ein weiterer Papst aus dem Hause Borgia ist Alexander VI. 1492-1503.

Nikolaus Machiavelli verherrlicht in seinem Werk "Der Fürst" (1513) die skrupellose Machtpolitik der Borgias in der Person Cesare Borgias, des Sohnes von Papst Alexander VI. Machiavelli arbeitete auch für die einflußreche Familie Medici, die im 16./17. Jh. vier Päpste stellte. Im Auftrag des Medici-Papstes Clemens VII. schrieb er u.a. ein Werk über die Geschichte von Florenz ("Istorie fiorentine"), veröffentlicht postum 1532. Machiavelli war dann aber bald so gefährlich für die Papstkirche, daß seine Werke 1559 auf den "Index Librorum Prohibitorum" gesetzt wurden, womit der Vernichtung aller nicht genehmen Schriften nichts im Wege stand.

Die Borgias und Medici des 15./16. Jh. haben sich in der Papstliste des Mittelalters mit den Grafen von Tusculum [stammt ebenso von "Tusci" wie Toskana] verewigt, die im 10./11. Jh. Papst wurden. Deren Pontifikate liegen (fast) genau 500 Jahre davor.

Johannes XII. (955.964)	Kallixt III. (1455-1458)
Silvester II. (999-1003), der nicht Graf von Tusculum ist. Silvester II. lebte lange im (damaligen) Aragonien, dem Herkunftsland der Borgias, wo er seine Ausbildung erhielt und studierte.	Alexander VI. (1492-1503)
Benedikt VIII. (1012-1024)	Leo X. (1513-1523)
Johannes XIX. (1024-1032)	Clemens VII. (1523-1534)
Benedikt IX. (1032-1048)	Paul III. (1534-1549), der mit dem Borgia-Papst Alexander VI. verschwägert war
Benedikt X. (1058-1060)	Pius IV. (1559-1565)

Tabelle 28: Gegenüberstellung der Grafen von Tusculum im 10./11. Jh. mit den Päpsten der Borgia und Medici im 15./16. Jh.

Korrelation der Amtszeiten der Päpste in den Jahren von 687-891

Es gibt auch eine Korrelation der Amtszeiten der Päpste im Sinne Fomenkos in den Jahren von 687-891 im Vergleich zu 384-530, von ihm wohl übersehen. In Klammern steht die Dauer der Amtszeit.

687	384 (Differenz: 303 Jahre)
Sergius I. (14) (Syrer)	Siricus (14)
Johannes VI. + VII. (3+3)	Anastasius I. (3)
Constantinus I. (7)	Zosimus + Bonifatius I. (6) [Reihenfolge mit Innozenz I. vertauscht]
Gregor II.(16)	Innozenz I. (14)
Gregor III. (11)	Coelestin I. (10)
Zacharias (10)	Sixtus III. (8)

752 752-795: 43 Jahre eingeschoben **795**	**440** (Differenz: 312 Jahre) **440** (Differenz: 355 Jahre)
Leo III. (20) [Stephan IV. (<1)] Paschalis I. (7) [Eugen II. (3)] [Valentin (<1)] Gregor IV. (17) [Sergius II. (3)] Leo IV. (8) Benedikt III. (3)	Leo I. (21) Hilarius (6) Simplicius (15) Felix II. (9) Gelasius I. (5)
855	**496** (Differenz: 359 Jahre)
Anastasius III. (Gegenpapst) Nikolaus I. + Hadrian II. (15) Johannes VIII. (10) Marinus I. + Hadrian III. (3) Stephan V. (6)	Anastasius II. Symmachus (15) Hormisdas (9) Johannes I. (3) Felix III. (4)
891	**530** (Differenz: 361 Jahre)

Tabelle 29: Vergleich der Papstlisten von 687-891 und 384-530.
[Einen ähnlichen Vergleich für das 4.-9. Jh. hat bereits H.-E. Korth aus der Fantomzeit-ler-Perspektive vor einiger Zeit einmal vorgenommen. Seine Ergebnisse weichen je-doch fast alle von meinen ab, außer bei fünf Päpsten.]

Damit ergibt sich zusammen mit Fomenkos zu Anfang zitiertem Er-gebnis und den Ergebnissen meiner Namensanalyse, dass der Zeit-raum von 384-685 mehrfach als Grundlage für Kopien diente.

Mit Bonifatius IV. (608–615) begann noch im 16. Jh. (bis zu Scaliger) das Papsttum in Rom (und damit die Papstliste) aufgrund eines De-kretes von Kaiser Phokas.

Bonifatius IV. bekam angeblich von Kaiser Phokas das Pantheon ge-schenkt, das dann zu einer christlichen Kirche wurde. Auf ihn geht die Gleichung 754 a.u.c. = 1 n.Chr. zurück.

Bonifatius IV. war Benediktiner, italienisch: Benedetto.

Bonifatius VIII. (1294–1303) hieß vor seinem Pontifikat Benedetto.

Die Geburtsorte von Bonifatius IV. und dem VIII. liegen nach offizieller Geschichte nur wenige Kilometer voneinander entfernt (Provinzen Aquila und Frosinone nördlich von Rom) - das genaue Geburtsjahr oder der Geburtstag beider Päpste ist unbekannt.

Bonifatius VIII. war der letzte Papst vor dem Exil in Avignon, der ständig in Rom residierte [Benedikt XI., 1303/04 - acht Monate, wurde mehrmals aus Rom vertrieben und residierte daher in Perugia. Clemens V., 1305–1314, war niemals in Rom und verlegte den Papstsitz nach Avignon. Während seiner Amtszeit wurde der Templerorden vernichtet.

Beide Päpste liegen ca. 700 Jahre auseinander.

Eine Auffälligkeit gibt es auch bei Päpsten mit Namen Bonifatius im Zusammenhang mit den geprägten Münzen. Zwischen dem Ende des 10. bis zum 14. Jahrhundert wurden nämlich vom Papst keine Münzen geprägt. Münzen des Senats von Rom (ohne Hinweis auf einen Papst) gibt es erst seit 1203. In den über 200 Jahren zuvor, als die Päpste nach offizieller Geschichte den Höhepunkt ihrer Macht hatten, wurden in Rom überhaupt keine Münzen geprägt! Jeder x-beliebige Bischof im Heiligen Römischen Reich hatte im Hochmittelalter Münzrecht. Aber vom Chef aller Bischöfe in Rom ist nichts dergleichen überliefert.

Während des Pontifikats von Hadrian I. (772-795) beginnt nach Ansicht der meisten Numismatiker die päpstliche Münzprägung. Diese erste päpstliche Münzepoche endet mit Bonifatius VII. (984-985). Der nächste Papst mit Namen Bonifatius, der VIII. (1294-1303), war dann auch der erste, der wieder mit den Münzen anfing. Wie oben bereits erwähnt, war er auch war der letzte Papst vor dem Exil in Avignon, der ständig in Rom residierte. Danach folgen dann Münzen von den Päpsten des Avignoner Exils.

Ein besonderer Papstname ist auch Gregor. Er taucht mehrmals an entscheidenden Stellen der Papstgeschichte auf. So wurden die ersten drei Gregors heilig gesprochen. Der fünfte Gregor war der erste deutsche Papst (996-999). Mit Gregor XI. beginnt das Papsttum in Rom (neu), nachdem die Päpste zuvor 68 Jahre lang in Avignon residiert hatten. Der Reformpapst Hildebrand (mit etruskischem Grab!) als Gregor VII. (1073-1085) ist genau 500 Jahre vor dem Kalender-Reformpapst Gregor XIII. (1572-1585) angeordnet, mit identischer Amtszeit von 12 Jahren.

Abb. 54: Papst Gregor XIII. führte 1582 den heute noch gültigen Gregorianischen Kalender ein und löste den Julianischen Kalender ab, zunächst nur in einigen katholischen Ländern. Es wurden 10 Tage übersprungen. Dem 4.10.1582 folgte der 15.10.1582.

Die Geschichte der Entstehung des "Liber pontificalis"

In der Geschichte der Entstehung des "Liber pontificalis", in dem die Biographien der Päpste chronologisch aufgeführt sind, gibt es einige markante Eckpunkte. Diese wiederholen sich interessanterweise nicht nur in der Geschichte des Druckes dieser Papstliste, sondern in frappierend exakter Weise auch in den Eckpunkten der von mir entdeckten und oben beschriebenen Strukturen der Papstliste. Ein Vergleich lohnt sich !

1) 384: Alle Biographien vor 384 (Siricus) soll Hieronymus geschrieben haben - so meinte man im Mittelalter. (Papst vor Siricus: Damasus I.)

2) 496: Ab Papst Anastasius II. sollen die Inhalte deutlich zuverlässiger und "historisch korrekter" sein als vorher.

3) 530: Erweiterung der Papstliste bis Felix III. [durch einen unbekannten Autor]. Die Papstliste bis hierhin wird als ein geschlossenes Werk angesehen.

4) 607: Auch hier sieht die offizielle Geschichte einen deutlichen Sprung in der "historischen Korrektheit".

5) 687: Erweiterung bis Konon [durch einen unbekannten Autor]

6) 752-757 (Stephan II.): Eine Ausnahme unter den Papst-Biographien dieser Zeit, da der Autor dieser Einzel-Biographie bekannt ist.

7) 858-867 (Nikolaus I.) Erweiterung durch den früheren Gegenpapst Anastasius III. Diesem wurden noch im 16./17. Jh. alle Biographien von 384-867 zugerechnet, also nach Hieronymus.

8) 891: Erweiterung bis Stephan V. [durch einen unbekannten Autor]. Bis dahin soll der "ursprüngliche" Liber pontificalis gehen.

9) 1049: Erst ab Leo IX. sind wieder detaillierte Einzel-Biographien überliefert, aber nicht als Fortsetzung des Liber pontificalis. (Papst vor Leo IX.: Damasus II.)

10) Um 1150: Fortsetzung des Liber pontificalis durch Kardinal Boso, Neffe von Papst Hadrian IV. (Papst ab 1154). Boso war päpstlicher Schreiber seit Papst Eugen III. (1145-1153). Parallel zu Boso setzt ein gewisser Petrus Guillermi den Liber pontificalis fort.

11) 1281-1285: Ein unbekannter Autor verwendet vorliegende Biographien, um den Liber Pontificalis aus dem 12. Jh. bis Papst Martin IV. (1281-1285) zu erweitern.

12) 1328: Derselbe unbekannte Autor setzt selbst den Liber Pontificalis bis Johannes XXII. (1316-1334) fort.

13) Um 1450: Weitere Fortsetzungen reichen dann bis Papst Martin V. (1431), Eugen IV. (1447) und Pius II. (1464). Ende.

Der Liber Pontificalis wurde erstmals 1602 gedruckt (in Mainz) unter dem Titel "Anastasii bibliothecarii Vitæ seu Gesta. Romanorum Pontificum". Die Papstliste ging in dieser Erstausgabe nur bis Nikolaus I. (858-867). Ein Jahrhundert später (1718) wurden bei Nachdrucken die Päpste bis Stephan V. (891) hinzugefügt. 1750 (Muratori) endet die Liste bei Johannes XXII. (1316-1334). Erst 1886 wird der Liber pontificalis vollständig gedruckt (Duchesne).

Nachwort

In diesem Buch wurden die Überlegungen des ersten Teils des "Wohlstrukturierten Mittelalters" [Arndt 2012] deutlich vertieft und die Ergebnisse theoretisch begründet. Die Geschichte des Mittelalters und der römischen Antike wurde nach den Gesetzen der Geometrie in einer Zeit mit andersartigen Gesellschafts-, Religions- und Herrschaftsverhältnissen als heute konstruiert. Die offizielle Geschichte des Mittelalters, der Päpste und der römischen Antike entspricht daher zwangsläufig in großen Teilen nicht der tatsächlich abgelaufenen Vergangenheit.

Aus den bisherigen Erkenntnissen ergibt sich

1) In den meisten Ländern Europas gibt es einen deutlichen Übergang von Wohlstrukturiertheit zur Normalität, d.h. von Fiktion zu mehr Realität, bei den Herrschern der später nationalen Reiche im 13./14. Jh. Das entspricht etwa auch Kammeiers Ergebnissen (seine Marke: 1300) [Kammeier 2000].

2) Die traditionelle Vorgehensweise, diese Herrscher als Referenz für geschichtliche Abläufe zu verwenden, ihnen also Reverenz zu erweisen, ist damit überholt. Eine Orientierung an geschichtlichen Abläufen, die ohne enge Bindung an Herrscher auskommt, ist daher zielführender. Das ist in erster Linie Wissen(schaft)sgeschichte, inklusive Mathematik, Philosophie, Literatur und Musik.

Weiterhin ist es naheliegend, eine alternative, astronomisch begründete Chronologie aufzustellen, da die offizielle Chronologie ja seinerzeit astronomisch verankert wurde. Der Autor hat hierzu einen Vorschlag, eine vorläufige Arbeitshypothese, erarbeitet [Arndt 2015/1].

Außerdem ist eine erneute Sichtung der Quellen auf der Grundlage der Erkenntnisse des Autors erforderlich. Ich plädiere also dafür, die schreckliche Vision des Historikers J.Fried wahr werden zu lassen: "Ist vielleicht, eine schreckliche Vision, die ganze und, gestehen wir es uns ruhig ein, seit den >Regesta Imperii< für abgeschlossen gehaltene Arbeit der Quellensichtung, weil nur aus einem Fenster gewonnen, von vorne zu beginnen, mit Konsequenzen für das Geschichtsbild, die noch kaum auszumalen sind". [Fried 1996, S. 59].

Anhang

Ich beschreibe beispielhaft eine kuriose Prognose zur Fußball-Weltmeisterschaft 2006, über die seinerzeit auf "Spiegel online" berichtet wurde [Teleschach 2002, wo nach meiner Kenntnis erstmals die ursprüngliche deutsche Fassung zu lesen war].

Addiert man die Jahreszahlen einiger Fußball-Weltmeister bisheriger Jahre, so ergibt sich jeweils das Ergebnis 3964:

Argentinien	1986 + 1978 = 3964
Deutschland	1990 + 1974 = 3964
Brasilien	1994 + 1970 = 3964
Brasilien	2002 + 1962 = 3964

Der erste Summand ist jeweils im Vergleich zum Vorgänger um das gleiche Vielfache von 4 (Abstand zwischen zwei Turnieren) größer als der zweite kleiner ist. Zwischen 1986 - 2002 fehlt das Jahr 1998, ebenso wie zwischen 1962 - 1978 das Jahr 1966 fehlt.

Davon ausgehend wurde nun vorhergesagt, daß der Weltmeister 2006 Brasilien wird, denn Brasilien siegte 1958, und

2006 + 1958 = 3964.

Daraus wurde aber bekanntlich nichts. Die Liste aller Fußball-Weltmeister von 1930 - 2010 sieht wie folgt aus:

1930	Uruguay
1934	Italien
1938	Italien
1950	Uruguay
1954	Deutschland
1958	Brasilien

1962	Brasilien
1966	England
1970	Brasilien
1974	Deutschland
1978	Argentinien
1982	Italien
1986	Argentinien
1990	Deutschland
1994	Brasilien
1998	Frankreich
2002	Brasilien
2006	Italien
2010	Spanien

Die Wiederholungen betreffen also die Jahre von 1962 - 1978 und 1986 - 2002 in umgekehrter Reihenfolge ("gespiegelt" 1982), mit Ausnahme der Jahre 1966 und 1998. Insgesamt wiederholen sich hier 4 Elemente einmal, und zwar in umgekehrter Reihenfolge.

Das Muster ist also:

> Brasilien
>
> beliebig
>
> Brasilien
>
> Deutschland
>
> Argentinien

Dieses Muster, das erstmals von 1962-1978 auftritt, wiederholt sich in umgekehrter Reihenfolge von 1986-2002, also mit Argentinien beginnend.

Es gibt nun weder 1962 noch 2002 einen sachlichen Grund für eine Abgrenzung zu der Zeit zuvor und danach. So gab es keine Änderungen in der Fußballwelt, und dominierende Mannschaften, die innerhalb dieses Zeitraums Weltmeister wurden, wurden es auch vorher und/oder nachher (Brasilien, Italien, Deutschland). Außerdem sind innerhalb dieses Zeitraums nur Fußball-Weltmeisterschaften betroffen, also keine Weltmeisterschaften anderer Sportarten. Es ist daher von einer zufällig entstandenen Wiederholung auszugehen. Solche Wiederholungen sind insgesamt gesehen recht wahrscheinlich, wenn man der geringen Wahrscheinlichkeit des Ereignisses an sich die hohe Anzahl von möglichen Sportarten gegenüberstellt, die frei von solchen Wiederholungen sind.

Literatur

Althoff, Gerd (2005): Die Ottonen. Königsherrschaft ohne Staat; Stuttgart

Arndt, Mario (2010/1): Die Systeme der Namen der römisch-deutschen und französischen Könige des Hochmittelalters: http://de.geschichte-chronologie.de/index.php?
option=com_content&view=article&id=112:die-systeme-der-namen-der-roemisch-deutschen-und-franzoesischen-koenige-des-hochmittelalters&catid=30:2008-11-15-18-07-26&Itemid=116

Arndt, Mario (2010/2): Von den Merowingern bis zu Karl V. und darüber hinaus - die Systeme der Königsnamen: http://de.geschichte-chronologie.de/index.php?
option=com_content&view=article&id=113:von-den-merowingern-bis-zu-karl-v-und-darueber-hinaus-die-systeme-der-koenigsnamen&catid=30:2008-11-15-18-07-26&Itemid=116

Arndt, Mario (2012): Das wohlstrukturierte Mittelalter; Norderstedt

Arndt, Mario (2012/2): Die wohlstrukturierte Papstliste: http://de.geschichte-chronologie.de/index.php?
option=com_content&view=article&id=128:die-wohlstrukturierte-papstliste&catid=30:2008-11-15-18-07-26&Itemid=116

Arndt, Mario (2012/3): Die wohlstrukturierte Antike: http://de.geschichte-chronologie.de/index.php?
option=com_content&view=article&id=127:die-wohlstrukturierte-antike&catid=29:2008-11-15-18-07-02&Itemid=115

Arndt, Mario (2015/1): Astronomie und Chronologiekritik; Norderstedt

Arndt, Mario (2015/2): Wer war Karl der Große wirklich?; Norderstedt

Arndt, Mario (2015/3): Die Königinnen von Frankreich im Hochmittelalter: http://de.geschichte-chronologie.de/index.php?option=com_content&view=article&id=137:die-koeniginnen-von-frankreich-im-hochmittelalter&catid=30:2008-11-15-18-07-26&Itemid=116

Bach, Adolf (1943): Die deutschen Personennamen; Berlin

BdW (2001): Zwei Drittel der Merowinger-Urkunden sind Fälschungen in Bild der Wissenachaft 10.12.2001; http://www.wissenschaft.de/home/-/journal_content/56/12054/1181939/

Bennedik, Susanne (2007): Die Siebenplanetenwoche in Indien, Dissertation; Bonn = http://hss.ulb.uni-bonn.de/2007/1115/1115.htm

Berg, Dieter (2003): Die Anjou-Plantagenets; Stuttgart

Boll, Franz (1970): Hebdomas in: Wilhelm Kroll: Paulys Realencyklopädie der classischen Altertumswissenschaft, Band. 7.2; Stuttgart

Borst, Arno (1990): Computus. Zeit und Zahl in der Geschichte Europas;Berlin

Boshof, Egon (1987): Die Salier; Stuttgart

Calvisius, Seth (1650): Opus chronologicum; Frankfurt

Carotta, Francesco (1999): War Jesus Caesar ? ; München

Conzelmann, Hans (1954): Die Mitte der Zeit. Studien zur Theologie des Lukas. Beiträge zur historischen Theologie 17. Mohr, Tübingen 7. Aufl. 1993

Däppen, Christoph (2004): Nostradamus und Das Rätsel der Weltzeitalter; Norderstedt

Davidson, Ralph (2002): Der Zivilisationsprozeß; Hamburg

Dessau, Hermann (1889): Über Zeit und Persönlichkeit der Scriptores historiae Augustae, in In: Hermes 24, S. 337–392; Berlin

Drosdowski, Günther (1974): Lexikon der Vornamen; Mannheim

Dübbers, Volker (2008): Gelüftete Geheimnisse des gregorianischen Kalenders = http://www.sinossevis.de/upload1/ Gel_374ftete_Geheimnisse_des_gregorianischen_Kalenders_Mai_2008.pdf

Ehlers, Joachim (2000): Die Kapetinger; Stuttgart

Eichhoff, Seibicke und Wolffsohn (Herausgeber) (2001): Name und Gesellschaft. Soziale und historische Aspekte der Namengebung und Namenentwicklung; Mannheim

Engels, Odilo (1972): Die Staufer; Stuttgart

Ewig, Eugen (2006): Die Merowinger und das Frankenreich; Stuttgart

Faußner, Hans Constantin (2003): Wibald von Stablo. Erster Teil. Einführung in die Problematik; Hildesheim

Fischer-Fabian, S. (1977): Die deutschen Cäsaren; München

Fleckenstein, Josef (1974): Grundlagen und Beginn der deutschen Geschichte; Göttingen

Fomenko, Anatoli (1994): Empirico-statistical analysis of narrative material and its applications to historical dating; Dordrecht

Fomenko, Anatoli (2003-2006): History: Fiction or Science; Paris/London/New York

Fried, Johannes (1996) :Stand und Perspektiven der Mittelalterforschung am Ende des 20. Jahrhunderts; Göttingen

Fried, Johannes (2008): Das Mittelalter. Geschichte und Kultur; München

Friedrich, Volker (2003): Die fränkische Herrscherliste des Bischofs Godmar von Gerona, http://www.fantomzeit.de/?p=4523

Fuhrmann, Horst (1978): Deutsche Geschichte im hohen Mittelalter; Göttingen

Fuhrmann, Horst (1987): Einladung ins Mittelalter; München

Geise, Gernot L. (2005): Die Irrealität des Römischen Reiches; Hohenpeißenberg

Geschichte Polens in sechs Bänden (1840-1915); Gotha

Geuenich, Dieter (1976): Die Personennamen der Klostergemeinschaft von Fulda im früheren Mittelalter; München

Geuenich, Dieter u.a. (Herausgeber) (1997): Nomen et gens. Zur historischen Aussagekraft frühmittelalterlicher Personennamen; Berlin

Ginzel, Friedrich Karl (1906-1914): Handbuch der mathematischen und technischen Chronologie (3 Bände); Leipzig

Gitermann, Valentin (1944): Geschichte Rußlands; Zürich

Goetz, Hans-Werner (1993): Die Zeit als Ordnungsfaktor in der hochmittelalterlichen Geschichtsschreibung, in Rhythmus und Saisonalität. Kongressakten des 5. Symposiums des Mediävistenverbandes in Göttingen 1993 Dilg, Peter; Keil, Gundolf; Moser, Dietz-Rüdiger [Hrsg.], Sigmaringen 1995

Grandes Chroniques de France, 15. Jahrhundert, Neuauflage in 10 Bänden (1920-1953); Paris

Gregorovius, Ferdinand (1889): Geschichte der Stadt Athen im Mittelalter; Stuttgart

Gregorovius, Ferdinand (1903-1916): Geschichte der Stadt Rom im Mittelalter; Stuttgart

Grotefend, H. (1960): Taschenbuch der Zeitrechnung des deutschen Mittelalters und der Neuzeit; Hannover

Grundmann, Herbert (1987): Geschichtsschreibung im Mittelalter, Göttingen

Haldon, John (2007): Byzanz. Geschichte und Kultur eines Jahrtausends; Düsseldorf

Halsall, Paul (1997): Byzantine Historiography: http://legacy.fordham.edu/halsall/byzantium/texts/byzhistorio.asp

Heinsohn, Gunnar (2003): Die Streichung der polnischen „Karolinger" (aus Zeitensprünge 1/2003) = http://www.fantomzeit.de/?p=213

Heinsohn, Gunnar (2001): Karl der Einfältige – Imitator oder Urmuster? (aus Zeitensprünge 4/2001) = http://www.fantomzeit.de/?p=13

Heinsohn, Gunnar (2011): Ist die Spätantike eine Phantomzeit ? In: Zeitensprünge 2/2011, S. 429 f.; Gräfelding

Heinsohn, Gunnar (2014): The 1st Millenium A.D. Chronology Controversy, http://www.q-mag.org/the-1st-millennium-a-d-chronology-controversy.html

Herbers, Klaus (2006): Geschichte Spaniens im Mittelalter. Vom Westgotenreich bis zum Ende des 15. Jahrhunderts; Stuttgart

Hoensch, Jörg K. (2000): Die Luxemburger; Stuttgart

Holzfurtner, Ludwig (1982): Untersuchungen zur Namengebung im frühen Mittelalter nach den bayerischen Quellen des achten und neunten Jahrhunderts, in: Zeitschrift für bayerische Landesgeschichte 45; München

Holzfurtner, Ludwig (2005): Die Wittelsbacher; Stuttgart

Hunger, Hermann und Sachs, Abraham J. (1996): Astronomical diaries and related texts from Babylonia, Vol. II. ; Wien

Ideler, Ludwig (1825/26): Handbuch der mathematischen und technischen Chronologie (2 Bände); Berlin

Illig, Heribert (1993): Das Ende des Heiligen Benedikt ? Der andere 'Vater des Abendlandes' wird auch fiktiv, in Zeitensprünge 2/93, S. 23-28

Illig, Heribert (1996): Das erfundene Mittelalter; München

Illig, Heribert (2000): Wer hat an der Uhr gedreht; München

Illig, Heribert (2004): Schwedens ausgemusterte Karle (aus Zeitensprünge 2/2004) = http://www.fantomzeit.de/?p=231)

Johnson, Edwin (1894): The Pauline Epistles

Johnson, Edwin (1904): The Rise of English Culture

Kammeier, Wilhelm (2000): Die Fälschung der deutschen Geschichte; Viöl

konzilsakten = http://www.vatican.va/news_services/liturgy/2005/documents/ns_lit_doc_20050120_marini_ge.html

Kirmeier, Josepph (1990): Bayern und das Deutsche Reich, in Politische Geschichte Bayerns, Band 9; München

Korth, H.-E. (2011) = http://www.jahr1000wen.de/jtw/Eklipsen-Hist.html

Kortüm, Friedrich (1836-1837): Geschichte des Mittelalters, 2 Bände; Bern

Krieger, Karl-Friedrich (1994): Die Habsburger im Mittelalter; Stuttgart1

Krieger, Karl-Friedrich (2009): Geschichte Englands 1: Von den Anfängen bis zum 15. Jahrhundert; München

Krug, Philipp (1848): Forschungen in der älteren Geschichte Rußlands; St. Petersburg

Kugler, Franz Xaver (1907): Sternkunde und Sterndienst in Babel, Band 1: Entwickelung der babylonischen Planetenkunde von ihren Anfängen bis auf Christus; Münster

Kunze, Konrad (1998): dtv-Atlas Namenkunde; München

Le Goff, Jacques (1965): Das Hochmittelalter; Frankfurt

LexMA = Lexikon des Mittelalters (2002); München

Leuschner, Joachim (1975): Deutschland im späten Mittelalter; Göttingen

Lietzmann, Hans und Aland, Kurt (1956): Zeitrechnung der römischen Kaiserzeit, des Mittelalters und der Neuzeit; Berlin

Lilie Ralph-Johannes (2003): Byzanz. Das zweite Rom; Berlin

Menke, Hubertus (1980): Das Namengut der frühen karolingischen Königsurkunden; Heidelberg

Mitterauer, Michael (1993): Ahnen und Heilige. Namengebung in der europäischen Geschichte; München

Molnar, Miklos (1999): Geschichte Ungarns: Von den Anfängen bis zur Gegenwart; Hamburg

Monumenta Germaniae Historica, entsprechende Einträge

MGH digital = http://bsbdmgh.bsb.lrz-muenchen.de/dmgh_new/

Norwich, John J. (2006): Byzanz. Aufstieg und Fall eines Weltreichs; Berlin

Oliveira Marques, A. H. De (2001): Geschichte Portugals und des portugiesischen Weltreichs; Stuttgart

Petavius, Dionysius (1633): Rationarium temporum; Paris

Pfister, Christoph (2006): Die Matrix der alten Geschichte; Norderstedt

Ploetz, Karl (1951): Auszug aus der Geschichte; Bielefeld

Popper, Karl R. (1935): Die Logik der Forschung; Wien

schmidt = https://groups.google.com/group/de.sci.astronomie/msg/32118a406c ad2ba3?hl=de

Scaliger, Joseph J. (1629): De emendatione temporum; Genf

Schieffer, Rudolf (2006): Die Karolinger; Stuttgart

Schmale, Franz-Josef (1985): Funktion und Formen mittelalterlicher Geschichtsschreibung. Eine Einführung, Darmstadt

Schneidmüller, Bernd (2000): Die Welfen; Stuttgart

Schneidmüller, Bernd und Weinfurter, Stefan (2003): Die deutschen Herrscher des Mittelalters; München

Schneidmüller, Bernd (2007): Die Kaiser des Mittelalters; München

Seibicke, Wilfried (1991): Vornamen; Frankfurt am Main

Seibicke, Wilfried (2008): Die Personennamen im Deutschen; Berlin

Seidel, Jochen (2002): Die Geschichte der bayerischen und fränkischen Territorien im Mittelalter = http://archive.today/05KPq

Serrade, Gérard (1998): Leere Zeiten; Berlin

Steiner, Benjamin (2008): Die Ordnung der Geschichte: Historische Tabellenwerke in der Frühen Neuzeit; Köln, Weimar, Wien

Teleschach (2002): http://www.teleschach.de/forum/fussball.htm

The London Gazette:(Supplement) no. 27270. p. 547. 23 January 1901. https://www.thegazette.co.uk/London/issue/27270/supplement/547

Thiess, Frank (1959): Die griechischen Kaiser. Die Geburt Europas; Hamburg/Wien

Topper, Uwe (1998): Die große Aktion; Tübingen

Topper, Uwe (2003): Zeitfälschung; München

Torke, Hans-Joachim (1995): Die russischen Zaren 1547–1917; München

Weinreb, Friedrich (1986): Zahl-Zeichen-Wort, Weiler

wikipedia-Artikel zu den entsprechenden Themen = http://de.wikipedia.org

zeit = http://www.zeit.de/2010/16/GES-Interview